몬테소리 놀이로 한글 깨치기

초등 전에 읽기 독립하는 방법

몬테소리 놀이로 한글 깨치기

정미영 지음 · 정미선 그림

유아이북스

일러두기

글자를 모르는 연령의 아이를 교육하는 내용에서 일부 형식을 달리했습니다. 예를 들어 자음과 모음 발음을 글자 모양과 구분을 짓기 위해 /그/, /아/와 같은 식으로 표기했습니다.

엄마표 교육이 성공하려면?

엄마는 옳고 그름을 판결하는 판사가 아니라
아이를 대변하는 변호사가 되어야 한다.
엄마는 빨간펜을 든 선생님이 아니라
아이가 좋아하는 먹잇감을 나르는 사냥꾼이 되어야 한다.

엄마로서 아이 교육에 관해 공부하던 중 100여 년에 걸쳐 꾸준히 사랑받아 온 몬테소리 교육법에 빠져들었습니다. 그래서 몬테소리 AMI 0~3세, 3~6세 과정과 몬테소리 시니어 과정까지 공부하면서 제 육아관의 뿌리를 단단히 잡을 수 있었습니다.

상업화된 몬테소리가 아니라 대중화된 몬테소리를 꿈꾸며, SNS에서 마리아 몬테소리 여사가 우리에게 진정으로 남기고 싶어 했던 메시지를 전하고 있습니다. 몬테소리 교육이 제 육아에 스며들면서 아이의 발달과 관심사에 따라 저도 함께 성장할 수 있었습니다.

평소처럼 아이를 유심히 관찰하던 중 아이에게 글자에 대한 민감기가 온 것을 깨달았습니다. 글자와 관련된 질문들이 꼬리에 꼬리를 물어왔고 엘리베이터 숫자나 간판에 써진 글자를 손가락으로 따라 쓰는 모습을 자주 보였습니다. '아! 올 것이 왔구나! 이것이 바로 글자의 민감기구나!' 민감기란 아이들이 발달 과정 중 일정 기간에 특정 환경에 몰입하여 흡수를 잘하는 시기로 이 시기에 아이들은 특별한 기술과 특징을 힘들이지 않고 효율적으로 습득할 수 있습니다. 민감기에 놓인 아이는 특정 행동에 감수성이 풍부해지면서 그 행동을 반복하고 자기의 마음에 찰 때까지 집착할 정도로 몰두하고 싶어 하는 경향을 보입니다. 몬테소리 교육을 공부한 덕분에 자연이 아이에게 준 귀중한 본능을 놓치지 않고 적절한 환경을 준비하는 것이 제 역할이라는 것을 잘 알고 있었습니다.

아이의 언어 민감기를 파악하고 기쁘게 맞이한 엄마의 기대와 설렘 뒤에는 곧 막막함이 찾아왔습니다. 제가 너무 자연스럽게 듣고 말하고 읽고 쓰고 있는 한글을 막상 아이에게 알려주려니 말문이 꽉 막힌 듯 답답하고 막연했습니다. 혹시 지식의 저주라는 말을 아시나요? 지식의 저주는 자기가 알고 있는 지식을 다른 사람도 알 것이라는 고정관념에서 나타나는 인식의 왜곡으로 사람이 무엇을 잘 알게 되면 그것을 모르는 상태가 어떤 것인지 상상하기 어려운 상황을 가리키는 말입니다. 제가 바로 지식의 저주에 걸렸던 거죠.

아이 덕분에 한국어 능통자라고 자부했던 저도 한글을 다시 공부하게 되었습니다. 아이와 함께 기역(ㄱ)부터 시작하면서 우리말의 소중함과 특별함을 다시금 새롭게 느꼈습니다. 고사리손으로 연필을 간신히 붙잡고 중지가 아프도록 같은 글자를 반복해서 기역, 기역, 기역을 열 번씩 써 내려가며 한글을 배웠던 여러분의 어린 시절을 기억하시나요? 우리 세대처럼 깍두기 노트 공부법으로 내 아이가 한글을 기계적으로 익히게 하고 싶지 않은 엄마라면 이 책이 틀림없이 도움이 될 거라고 믿습니다.

이 책에서는 특히 언어의 민감기를 보이는 3-7세 아이들에게 우리말을 알려주기 위한 엄마표 몬테소리 한글 교육의 청사진을 제시합니다. 1장에서는 몬테소리에 대한 오해와 가정에서 몬테소리 교육을 실천하는 방법, 민감기가 무엇인지, 몬테소리 교육과 한글과의 상관성을 담았습니다. 2장에서는 한글 교육을 시작하기 위한 준비를, 3장에서는 예쁘게 말하는 아이로 키우기 위한 듣기와 말하기 환경을 살펴보고 4장에서는 본격적으로 아이에게 글자를 소개하고 쓰고 읽기를 위한 준비를 소개했습니다. 5장에서는 쓰기와 읽기를 강화하는 훈련을, 6장에서는 몬테소리 교육 4개 영역과 언어의 관계를 알아보며 어휘력을 확장하는 방법을 설명했습니다.

아이가 스스로 자신을 성장시키는 힘을 마음껏 펼칠 수 있도록 도와주는 환경을 만들어 주세요. 아이는 지지받고 격려받는 환경 안에서 차근차근 작은 성공을 이루면서 부모에게서 독립하는 그 날을 준비합니다. 그리고 그날이 오면 아이는 이렇게 말할 겁니다. "이제 제 자신을 충분히 준비시켰어요. 어머니, 그 동안 감사했습니다." 아이가 둥지를 떠나는 그날까지 언어가 강한 아이로 키우고 싶은 엄마의 욕심을 내려놓고 아이와의 관계를 해치지 않는 엄마표 몬테소리 한글 교육에 성공하시길 기원합니다. 그리고 이 책이 그 밑거름이 되길 소망합니다.

"내가 이 세상에 없어도 나와 함께한 추억의 온기가 너에게 닿기를 바라며…"

사랑하는 나의 아들 결이와 늙고 늘어져도 언제나 내 편인 남편에게 감사의 인사를 전합니다. 이 글이 나오기까지 아이를 사랑하고 존중하는 일을 함께 해주신 '몬테맘' 여러분께 감사드립니다.

- 햇살이 드는 창가에서, 정미영 씀

차례

제1장

몬테소리
교육의 재발견

몬테소리 놀이로 한글 깨치기

"사물에 이름을 붙이는 민감기가 있다. 단어를 알고 싶어 하는 아이의 욕구에 어른이 적절히 반응하면 아이에게 평생 지속될 풍성하면서 정확한 언어를 선물할 수 있다."

- 『인간의 이해』, 실바나 꽈뜨로끼 몬타나로 -

몬테소리에 대한 흔한 오해

"내가 한 일은 다만 아이들을 관찰한 데 지나지 않으며 아이들이 나에게 가르쳐준 것을 받아들여 표현했을 뿐입니다. 나의 사랑하는 어린이들이 인류와 세계의 평화를 만드는 일에 나와 함께 해 주기를 소원합니다."

- 마리아 몬테소리 -

몬테소리 교육을 영유아 교육 기업의 이름으로 알고 있는 경우가 많습니다. 저도 몬테소리를 공부하기 전까지는 상표명인 줄 알았어요. 몬테소리는 몬테소리 교육을 창시한 이탈리아 여성의 이름으로 그녀는 이탈리아 최초의 여의사였습니다. 힘든 역경을 뚫고 의대에 입학했지만 남성 중심 분위기로 인해 힘든 대학 생활을

지냈습니다.

대학 졸업 후 정신 병동 소아과에서 보조 의사로 일하면서 그녀는 지적장애 아동들이 병실에 갇혀 아침에 먹다 남은 빵 부스러기를 가지고 노는 모습을 발견했습니다. 아이들은 손으로 놀 수 있는 무언가를 찾고 있었고 빵 부스러기만이 유일한 장난감이었습니다. 부질없어 보이는 아이들의 손장난에서 몬테소리는 지적장애 아동들에게 필요한 것은 치료가 아니라 교육이라는 것을 깨달았습니다.

마리아는 아이들에게 따뜻한 보살핌과 자유로운 환경이 필요하다고 믿고 놀이와 다양한 활동을 하도록 했습니다. 가망이 없어 보였던 아이들은 점차 읽고 쓸 수 있는 능력을 갖추게 되고 비장애 아동과 동등하거나 더 좋은 성적을 얻게 되었습니다. 그녀는 2년간 아이들을 관찰하고 분석하면서 과학적 원리에 바탕을 둔 교육법을 개발했습니다.

그녀는 아이들이 교육으로 나아질 수 있다고 믿고 로마대학 교육학과에 입학한 후 교육학, 심리학, 철학, 인류학, 생태학, 발생학 등을 공부했습니다. 1907년, 로마 산 로렌조 지방 도시의 거리는 엄청난 재앙이 닥친 것처럼 가난과 비윤리적인 범죄로 가득했고 빈민가는 방치된 아이들을 돌볼 학교가 필요했습니다. 자선과 연민이 절박한 상황 속에서 로마 건축 협회는 도시 주택을 개조하며 관리할 계획을 세웠고 공동 주택 안에 어린이의 집이라는 교육 기관을 만들었습니다. 마리아 몬테소리는 취학 전 어린이(3~6세) 60명을 위해 카사 데 밤비니Ca sa dei Barnmini를 개설했습니다. 이것이 바로 역사 속 처음으로 등장한 어린이집입니다.

몬테소리는 교육을 목적으로 가정과 학교를 결합했고 주민들의 청결교육에 힘쓰며 건강한 가정을 꾸리기 위한 지식을 나눴습니다. 아이들이 자신을 돌볼 수 있도록 위생 교육을 하고, 언어 학습, 감각 훈련을 통해 실생활에 적용할 수 있는 신체적이고 도덕적인 교육을 체계화했습니다. 어린이집에는 어머니의 역할을 공유하는 교사가 있고, 아이들의 건강을 살피는 주치의가 있었습니다. 가족을 부양하기 위해 당시 여성들은 일을 해야 했고 엄마가 가정을 떠나 있는 시간 동안 아이들이 방치되지 않도록 어린이집에서 보살피며 교육과 음식을 제공했습니다. 마치 지금 우리가 아이를 어린이집에 맡기고 출근하는 모습과 똑같지 않나요? 악취를 풍기고 희망이 없어 보였던 아이들에게서 놀라운 변화가 생겼고 마리아 몬테소리의 교육적 성과가 세상에 알려지기 시작했습니다.

오늘날 오은영 박사가 아동 전문가의 대명사인 것처럼 마리아 몬테소리도 처음 직업이 의사였기 때문에 몬테소리 교육은 자연 과학에 기초하고 있습니다. 이것이 몬테소리 교육학과 다른 교육학의 가장 큰 차이점입니다. 몬테소리 교육은 추측으로 논증하지 않고 경험적 사실의 관찰과 실험에 따라 증명하며 이성적이고 정확하게 어린이들의 생물학적 요소를 반영한 교육입니다. 유럽, 아프리카, 아메리카, 아시아 등 약 150개국에서, 100년 넘게 사랑받아 오며 어린이를 위한 과학적이고 체계적인 교육으로 자리 잡고 있습니다.

몬테소리 교육은 임신 전이나 젖먹이 아기 때부터도 실천 할 수 있는 교육이기 때문에 아이를 똑똑하게 키우기 위한 조기 교육이라는 오해가 있습니다. 몬테소리는 아이가 자신을 성장시키는 힘을 마음껏 펼칠 수 있게 하려고 도와주는 연구법입니다. 아이는 젖먹이부터 부모의 품을 떠나는 순간까지 매일 작은 독립을 꿈꾸며 성장합니다.

마리아 몬테소리는 어린이집을 세우고 눈을 감는 순간까지 아이의 처지를 대변하기 위해 노력했습니다. 아이가 스스로 할 수 있도록 충분한 기회를 얻기 위한 환경을 조성해 주고, 하고 싶은 일을 찾은 아이가 집중하고 반복해서 매진할 수 있도록 격려했습니다. 그녀는 노벨 평화상 후보에 세 번이나 오를 정도로 오늘날 유아 교육의 정신적 선구자이며 어린이에서 출발한 과학적 교육의 개혁을 널리 알린 혁명가였습니다. 평생을 아이를 사랑하는 일에 힘쓴 교사이자 어머니였습니다.

몬테소리 교육을 공부하고 보니 그녀의 철학을 담지 못하는 상업화된 현재 몬테소리 교육 실태에 안타까운 마음이 들었습니다. 몬테소리를 만나는 부모들이 그녀가 우리에게 전하고자 했던 본질적인 이야기들에 더 많은 관심을 두길 염원합니다.

제가 엄마들과 몬테소리를 공부하면서 많이 받는 질문 중 하나는 "꼭 교구가 있어야 하나요?"입니다. 몬테소리 자격증을 가진 저조차 중고 시장을 통해 구매하기 전까지 집에 교구가 2~3개뿐이었습니다. 특히 만 3세까지는 교구 없이도 일상생활 용품으로도 충분히 아이 발달을 위한 환경을 준비해 줄 수 있습니다.

예를 들어 미각 자극을 위해 사용하는 미각병이라는 교구가 없었지만, 제철 과일이나 생으로 먹을 수 있는 채소를 준비해 아이에게 실물을 보여주면서 색깔도 살펴보고 냄새도 맡아보고 잘라서 맛도 보면서 오감을 자극할 수 있습니다. 서로 다른 크기의 책을 놓고 크기와 두께 차이도 구분할 수 있어요. 산책하면서 주워온 돌이나 나뭇잎 등의 자연물을 통해서도 감각 자극은 충분히 가능합니다. 몬테소리 교육을 실천하려면 돈이 많이 든다는 편견에서 벗어나세요.

몬테소리는 영유아를 대상으로 하는 교육으로 널리 알려졌지만 0~6세, 6~12세 그리고 청소년과 청년기까지 다루고 있습니다. 인구 고령화로 인해 노년층을 위한 몬테소리 교육도 주목받고 있습니다. 몬테소리 교육은 잠깐 유행처럼 눈길을 끌다가 한순간에 사그라지는 그런 성과물이 아닙니다. 왜 그녀의 교육학이 100년의 세월을 거쳐 오늘날까지 인정받고 있는지 더 깊은 관심을 둔다면 여러분은 아마 그녀의 생각과 교육관에 깊이 감동할 것이 분명합니다.

2

집에서 하는 몬테소리 교육,
괜찮을까?

엄마표 놀이, 엄마표 영어, 수학, 한글 등등 엄마표라는 말은 대체 언제부터 어떻게 시작된 걸까요? 요즘은 아빠표라는 표현도 많이 씁니다. 정말 궁금해서 '엄마표'라는 표현을 어학사전에 찾아봤더니 '엄마가 만든 것'이라고 정의되어 있었습니다. 엄마표 김밥, 엄마표 샌드위치 정도에서 가볍게 시작된 표현이라면? 지금의 '엄마표'는 너무나 많은 책임과 부담을 짊어지게 만드는 말이 아니겠냐는 생각이 자주 들었습니다.

이 책을 읽고 있는 여러분도 '엄마표'에 대한 의무감과 책임감으로 무장했을지도 모릅니다. 저 또한 책과 인스타그램에서도 더 직관적인 표현을 찾지 못해서 엄마표라는 표현을 자주 쓰고 있지만, 제가 사용하는 표현이 독자들에게 '죄책감, 반성, 미안함' 같은 감정을 불러일으키지 않길 바랍니다.

본격적으로 가정에서 몬테소리 교육을 바탕으로 한글을 익히기 전에 이 부분을 꼭 마음에 새겨주세요. 아이와 함께하는 엄마표 놀이 또는 학습이 성공하려면 아래 여섯 문장을 꼭 기억해 주세요.

1. 엄마표는 엄마 학원이 아닙니다.
2. 아이의 공부 정서와 감정을 해치지 않아야 합니다.
3. 아이의 흥미와 재미를 빼앗지 않도록 합니다.
4. 날 잡고 각 잡고 하지 않고 매일 조금씩 쌓아갑니다.
5. 아이와 엄마의 관계를 해치는 순간 엄마의 노력은 무의미해집니다.
6. 엄마가 먼저 지쳐 포기하지 않을 만큼의 강도와 빈도를 유지합니다.

엄마표와 관련된 수많은 정보에서 우리 아이와 나에게 맞는 활동을 쏙쏙 찾아서 적용하는 안목이 필요합니다. 모든 활동은 아이의 관심과 발달 수준을 관찰하는 것부터 시작합니다. 그리고 엄마도 재밌게 꾸준히 할 수 있도록 함께하는 어른의 취향도 반영해야 합니다. 무엇보다 현실적으로 아이와 함께 배울 수 있는 물리적 시간도 꼭 고려하세요. 만약 엄마가 모든 것을 다 해낼 수 없는 상황이라면 엄마의 욕심을 조금씩 덜어내는 연습부터 하셔야 합니다.

막상 아이와 여러 날 책상 앞에 앉아 있다 보면 내 아이가 이 세상에서 제일 답답한 아이라고 느껴질 수 있습니다. 그럴 때는 아이와 상의하고 아이의 기질과 잘 맞는 선생님이나 교육관이 맞는 기관의 도움을 받는 것도 권장합니다.

단, 주의할 점이 있습니다. 아이가 교육 전문가와 함께 일주일에 1~2회, 약 3~40분의 수업을 받았다고 해서 교육적 효과가 얼마나 크게 나타날까요? 엄마가 아이에게 새로운 것을 처음부터 알려주는 것은 매우 힘듭니다. 하지만 선생님과 이미 배우고 온 내용을 집에서 복습해 주는 것은 비교적 수월합니다. 전문가의 도움을 받더라도 엄마의 손길은 필요하지만 온전히 엄마가 맡아서 하는 것보다는 훨씬 가벼워집니다.

교육 전문 기관만 믿고 아이를 떠넘기지 않고, 누군가에게 배우고 있다는 사실만으로 엄마의 책임을 다하고 있다고 위안 삼진 말아주세요. 선생님 또는 기관과 꾸준히 소통하고 가정에서 어떤 협조가 필요할지 관심 가져주세요.

'센터나 방문 수업?, 학원이나 과외?' 어떻게 할지 고민되시나요? 교육 기관의 도움을 받기 전에 우리 아이의 기질이 어떤지 살펴보세요.

방문 수업과 과외는 같은 형태입니다. 낯선 환경에 적응하는 데 오래 걸리거나 주변 환경과 친구들에게 영향을 크게 받는 아이라면 아이에게 익숙한 환경인 집에서 수업을 진행하는 것이 더 좋습니다. 일주일에 1회, 30분 수업인데 아이가 센터에 가서 가만히 앉아서 낯가림만 하다가 돌아온다면 엄마는 시간과 비용이 아까워서 보내면서도 계속 고민이 될 테니까요. 무엇보다 아이가 지속적으로 가는 것을 거부하거나 원하지 않는다면 준비가 될 때까지 기다려 주세요. 아이가 낯선 환경에서도 독립적으로 행동할 수 있을 때, 가령 자기 조절 능력이 생기고 배변 훈련이 끝나거나 엄마와 잠시 헤어져도 불안함을 느끼지 않을 때 몬테소리 교육 기간에 보내도 괜찮습니다.

반대로 새로운 환경에도 호기심이 많고 낯가림이 적으며 다른 친구들과 어울려 놀기 좋아하는 아이들은 센터나 학원에서 수업을 진행해도 괜찮습니다. 외향적인 성향의 아이들은 다른 친구들과 어울리며 더 잘하고 싶다는 동기가 생길 수 있습니다.

몬테소리 교육을 가정에서 실천한다는 데 너무 부담 갖지 마세요. 몬테소리에 대한 전문지식이 없어도 이 책에 담긴 유익한 정보와 실천의 의지만 있다면 충분히 해내실 수 있습니다! 몬테소리를 가정에서 실천할 때 "어떤 교구가 좋아요? 중고 거래할 때 어떤 점을 확인해야 해요?"라는 질문도 많이 하십니다. 대표적인 중고 거래 사이트인 당근에서 몬테소리 교구를 중고로 거래할 때 이건 꼭 확인하세요.

첫째, 우리 아이의 발달 수준에 맞는 교구인지 확인하세요.

아이의 인지 및 신체 발달에 맞지 않는 교구인데 저렴하니 일단 구매해 두면 교구는 짐으로 전락하게 됩니다. 구매하기 전에 우리 아이의 관심과 흥미를 끌 수 있는지, 아이의 발달 수준에 맞는지를 먼저 고민해 보셔야 합니다. 아이 발달에 비해 너무 쉬우면 몇 번 해보고 흥미를 갖지 않을 수 있고, 어렵다면 시도가 실패로 이어지면서 역효과를 가져올 수 있습니다. 아이 발달과 시기에 알맞게 구매한 교구는 아이에게 득이 될 수 있지만 그렇지 않다면 교구가 제 역할을 다하지 못할 수 있습니다. 엄마도 쌓아놓은 교구를 활용해야 한다는 부담감 때문에 오히려 스트레스를 받을 수 있습니다.

둘째, 집에 교구를 배치할 충분한 공간이 있는지 확인하세요.

단품이라면 괜찮지만, 몬테소리 교구는 세트로 거래가 많이 되기 때문에 한 세트만 구매하더라도 꽤 많은 공간이 필요합니다. 그러므로 아이가 바로 쓸 수 있도록 교구장에 배치할 수 있는 여유가 있는지 확인해 주세요.

셋째, 판매자에게 교구의 모든 구성품이 빠짐없이 있는지 확인하세요.

몬테소리 교구는 한 조각이라도 분실되거나 파손되면 사용하지 않습니다. 100조각의 퍼즐 중 두세 개만 빠져도 퍼즐을 완성하기 어려운 것처럼 아이가 교구를 통해 성취감을 느끼기 위해서는 모든 작업에 필요한 구성품들이 반드시 다 갖추어져 있어야 합니다. 만약 판매자가 거래로 올린 교구를 정품으로 구입했었다면 빠진 구성품은 AS를 신청할 수 있습니다. AS 비용을 추가로 부담하더라도 꼭 사고 싶은 교구라면 판매자에게 AS 요청을 부탁한 후에 완제품으로 교구를 구매하시길 추천합니다. AS 비용은 교구마다 가격 차이가 있습니다. 일부 구성품은 저렴한 비용으로 AS가 가능하니 판매자에게 비용 문의를 먼저 부탁한 후 결정하세요.

넷째, 교구 활용 안내서인 부모 가이드북이 있는지 확인하세요.

교구를 구매한 후에 가정에서 잘 활용하기 위해서는 사용 설명서가 꼭 필요합니다. 엄마가 먼저 각각의 교구가 가지고 있는 특징, 목적, 적절한 제시 방법, 응용법 등을 익힌 후에 아이와 작업을 진행해 주세요.

다섯째, 살까 말까 계속 고민이 된다면 대여하는 것도 고려해 보세요.

몬테소리 교구를 대여하는 사이트도 있고 저는 주변 지인에게 한두 개의 제품을 빌려서 아이와 함께 써보고 만족해서 구입한 경우도 있습니다. 주변에 몬테소리 교구를 가진 사람이 없다면 지역 커뮤니티에서 대여 관련 문의도 남겨보세요. 팔기엔 아쉽고 보관만 하긴 아까운 교구를 가진 분들이 분명히 있을 거예요.

글을 쉽게 익히는 시기가
따로 있다?

아이에게 한국어를 알려줄 때 구체적으로 설명해 준 적이 있나요? 아이들은 별다른 가르침을 받지 않고 배우기 위해 애쓰지 않아도 언어 능력이 폭발하는 모습을 보입니다. 어른은 새로운 것을 배울 때 의식적으로 기억하려고 노력해야 합니다. 하지만 아이는 보고 듣는 것을 고스란히 자기 것으로 만들어 그대로 흡수해 버리는 기억력을 가지고 있습니다. 마리아 몬테소리는 이것을 그리스 신화 속 기억의 신인 '므네메Mneme'라고 불렀습니다. 아이의 내면에는 주변의 모든 것을 흡수하는 감수성이 있고 자기에게 주어진 환경을 거르지 않고 그대로 몸에 새기는 정신적 형태가 있습니다. 이것을 몬테소리 교육에서는 '흡수 정신'이라고 합니다. 아이들의 놀라운 모국어 습득 능력이 몬테소리 흡수하는 정신의 대표적인 예입니다.

흡수 정신의 힘이 있더라도 아이가 보고 듣고 느끼는 모든 것을 동시에 똑같은 강도로 받아들이진 않습니다. 아이는 민감기에 따라 자신의 필요로 환경에서 무엇을 배울지 선택합니다. 여기에서 민감기란, 발달 과정 중 일정 기간, 환경에 몰입하여 흡수를 잘하는 시기로 특별한 기술과 특징을 힘들이지 않고 효율적으로 습득할 수 있습니다. 아이는 민감기에 특정 행동을 반복하고 자기 마음에 찰 때까지 몰두하거나 집착하기도 합니다. 어른은 이런 행동을 고집으로 여길 수 있지만 민감기는 자연이 아이들에게 준 본능으로, 몰입은 다시없을지도 모를 귀한 집중의 시간입니다.

민감기 아이에게는 내면의 등불이 켜졌다고 생각해 보세요. 무대 위 특정 배우에게만 조명이 켜진 것처럼 아이가 활동이나 언어, 수 등 한 분야에 특별히 관심을 보일 때 민감기에 있다고 말할 수 있습니다. 아이가 계단을 볼 때마다 오르려고 한다면 운동의 민감기에 들어섰다고 말할 수 있고 글자에 관해 질문이 쏟아진다면 언어의 민감기에 접어들었다고 볼 수 있습니다.

"아이가 민감기의 내적 지시에 따라 행동할 수 없다면 자연스럽게 습득할 기회를 놓치게 된다."

- 『어린이의 비밀』, 마리아 몬테소리 -

아이는 세상을 탐험하며 모든 것을 알고 싶어 합니다. 궁금증을 해소하고 싶어 끊임없이 실험하고 실패해도 다시 도전하면서 배움의 갈증을 느낍니다. 어른들에겐 하찮고 쓸모없는 일에도 아이는 열정이 넘치기도 합니다. 어른이 무딘 신경으로 민감기를 알아차리지 못하고 아이를 방해하거나 간섭하고 어떤 행동을 하지 못하도록 막는다면 아이는 화를 내고 실망하며 내적 동기가 꺾이게 됩니다. 수에 대한 민감기를 놓쳐도 아이는 결국에는 수를 배우게 됩니다. 하지만 성인이 외국어를 배울 때처럼 의식적으로 노력해야 하는 정도가 커지는 것입니다. 민감기가 나타나는 시기는 아이마다 다르고 정확한 시기가 정해진 것도 아닙니다. 민감기는 일정 시기가 지나면 사라집니다. 그래서 우리 아이가 어떤 민감기에 있는지 잘 관찰하고 민감기에 맞게 아이의 관심을 더욱 격려해 주기 위한 환경을 만드는 것이 중요합니다.

몬테소리 교육은 아이의 정서적, 신체적 발달과 민감기에 따라 5가지 영역으로 구분합니다. 5가지 영역은 6장에서 자세히 다루겠습니다. 민감기는 아래와 같이 나눌 수 있습니다.

- 질서에 대한 민감기 (6개월~6세)

- 운동에 대한 민감기 (0~6세)

- 감각에 대한 민감기 (0~4세)

- 언어에 대한 민감기 (3개월~6세)

- 세부 사항(작은 사물)에 대한 민감기 (2~6세)

- 사회적 관계(예의범절)에 대한 민감기 (2~6세)

아이는 똑같고 규칙적이고 일관된 것을 좋아합니다. 그 이유는 예측할 수 있기 때문입니다. 목욕 시간에 엄마가 어제도, 오늘도, 머리를 감긴 후 몸을 씻겼다면 아이는 내일도 그러리라 예측합니다. 그런데 엄마가 미리 말하지 않고 그 순서를 깨버렸다면 불안함을 느끼고 안정감이 무너집니다. 아이는 "이게 아니잖아. 왜 몸부터 씻어!"하고 울며 화를 낼 수도 있습니다. 하지만 엄마는 "머리부터 감든, 몸부터 씻든 씻는 건 똑같은데 왜 울어!"하고 아이를 이해하지 못하고 화를 내게 됩니다. 질서는 물리적인 정리 정돈만을 말하는 것은 아닙니다. 물건의 제자리, 일이 일어나는 순서, 일상의 규칙적인 습관과 시간의 패턴 등도 포함됩니다. 질서에 대한 민감기를 이해하면 아이와의 사소한 갈등을 예방할 수 있습니다.

운동에 대한 민감기에 있는 아이는 대근육과 소근육을 많이 쓰고 싶어 하는 충동을 느낍니다. 걷기에 자신감이 생긴 저희 아이가 14층까지 계단으로 가고 싶다고 요구했을 때, 저희 시어머님은 흔쾌히 그렇게 하자며 아이의 손을 잡고 14층까지 함께 계단을 오르셨습니다. 더 빠르고 편한 엘리베이터 사용에 익숙해진 저는 애써 계단을 오르려는 아이를 이해할 수 없었습니다. 저희 아이가 운동의 민감기인 것도 모르고 말이죠.

마리아 몬테소리의 저서 『흡수하는 정신』에는 과거 세대 엄마들은 본능적으로 민감기를 돕는 쪽으로 아이를 다뤘지만 오늘날은 문명 때문에 엄마들이 이 본능을 잃어버렸다고 말합니다. 전보다 기술이 발전하고 육아를 돕는 제품들이 많이 있어도 오늘날의 엄마들이 아이를 키우기 힘든 이유 중 하나가 바로 저처럼 민감기를 제대로 파악하지 못해서가 아닐까요?

감각에 대한 민감기에는 아이가 시각, 청각, 후각, 미각, 촉각에 대한 민감성이 커지고 오감을 통해 사물을 구분해 분류하고 싶어 합니다. 새로운 사물을 발견하면 입에 넣거나 냄새를 맡거나 자세히 들여다보고 싶어 합니다. 세부 사항에 대한 민감기에는 아주 작은 물건이나 정밀한 것에 관심을 보입니다. 엄마 옷에 작은 무늬나 패턴을 찾고 바닥에 떨어진 작은 먼지나 머리카락을 계속 주워서 모으기도 합니다. 길을 걷다 발견한 개미 같은 작은 곤충을 따라다니기도 합니다. 사회적 관계는 사회성을 가리킵니다. 아이는 어른이 인사하는 모습을 모방하고 낯선 사람에게도 인사를 하곤 합니다. 자라면서 타인을 의식하고 관계를 맺고 싶어 합니다.

　언어의 민감기는 태내부터 시작됩니다. 아이는 배 속에서부터 사람들의 목소리를 구별할 수 있습니다. 아이는 들리는 모든 말을 조금씩 흡수하다가 어느 날 갑자기 말을 하기 시작하고 실수를 통해 말을 다듬어 가면서 쓰기와 읽기가 가능해집니다. 만 2세 전후의 아이가 최소 200개 이상의 단어를 사용할 수 있다는 것은 정말 놀라운 성장이 아닐까요?

　『새로운 세상을 위한 교육』에서는 "아이가 3살이 되면 성인이 60년 동안 힘들여 노력해야 습득할 수 있을 정도로 많은 것을 배운다"라고 설명하고 있습니다. 오랜 성숙의 시간을 거쳐 아이는 어른처럼 자기의 생각을 말하고 쓰고 타인의 생각을 읽게 됩니다. 언어의 민감기는 만 7세까지 지속됩니다. 그 후로도 언어를 배울 수는 있지만 어릴 때 모국어를 습득한 것처럼 쉽게 배우긴 어렵습니다.

　혹시 오늘 아이의 재잘거림으로 힘든 하루를 보내셨나요? 쉴 새 없이 쏟아내는 아이의 수다를 계속 들어주기 힘들지만 그래도 아이의 언어 폭발을 반갑게 맞아주세요. "엄마는 너의 생각이 항상 궁금하단다"라고 말해주세요. 기특함이 가득한 시선으로 아이를 바라보며 아이의 말에 더 귀 기울여 주세요. 어른의 애정 어린 관심은 아이의 말문을 여는 열쇠가 됩니다.

몬테소리 언어 교육은
뭐가 다를까?

정말 신기하게도 아이는 언어체계가 얼마나 어렵고 복잡한지에 상관없이 말을 배웁니다. 어른이 힘들여 외국어를 배우는 것과 다르게 모국어를 쉽게 습득합니다. 억지로 단어를 외우게 하거나 문법을 가르치지 않아도 어떤 시기가 되면 자기 의사 표현을 논리적으로 하게 됩니다. 아이들의 모국어 습득은 몬테소리의 흡수하는 정신에 가장 대표적인 예라고 앞에서 말씀드렸습니다.

언어 발달은 언어를 듣는 능력을 키우는 것으로 시작해서 단어들을 사물과 연결하는 것으로 이어집니다. 소리를 구별할 수 있는 능력이 생기고 나서 아이는 어설프게나마 말하기를 위한 준비를 시작합니다. 8개월에서 1세 사이에 자기의 사고와 말의 관계를 이해하고 '맘마, 까까, 지지' 같은 의미 있는 유아어를 사용합니다. 손가락질 행동도 시작합니다. 이 행동은 사물을 비교하고 관찰해서 인식하고 있다는 증거라고 볼 수 있습니다.

아이의 언어 능력은 진전이 없는 듯하다가 어느 순간 폭발하는 것처럼 보입니다. 폭발이 일어나기 전부터 천천히 아이의 내면에서 준비하고 있었던 것 같습니다. 아이가 그동안 하지 못했던 말을 쏟아내기 시작하고 생활 속에서 일어나는 모든 일상에 대해 자유롭게 이야기하게 되면 글로 표현하고 싶어 하는 시기가 옵니다. 몬테소리 교육에서도 듣기, 말하기, 쓰기, 읽기로 언어 영역 단계를 진행하고 있습니다. 쓰기는 일차적으로 신체적 움직임이 필요하므로 읽기보다 선행합니다.

〈EBS 문해력 유치원〉에서 여섯 살에 혼자 한글을 읽는 아이가 출연했습니다. 아이의 엄마는 아이의 친구가 글을 읽고 쓰는 것을 보고 마음이 조급해져서 다섯 살부터 교재로 한글 공부를 시작하게 되었다고 말했습니다. 아이는 글을 다 읽을 수 있지만 읽지 못하는 아이로 소개됩니다. 읽지만 읽지 못하는 아이라니? 이게 무슨 말일까요? 영상 속 아이는 글자 자체를 읽기는 하지만 글에 담긴 내용과 의미를 이해하지 못하는 상태였습니다. 그림책을 읽을 때 의미 단락으로 띄어 읽기가 되지 않았고 문장에 담긴 감정을 살려서 읽지 못해 인공지능 로봇 같았습니다. 이 사례를 보고 전문가는 딱딱하게 한글을 배우는 것은 득 보다 실이 많다고 설명했습니다.

그렇다고 전문가의 조언을 받아들여 그냥 때가 되길 지켜만 보기에 부모는 우리 아이만 뒤처질까 봐 마음이 불안해집니다. 그렇다면 이런 부작용 없이 어떻게 한글을 접하게 해 주면 좋을까요? 바로 글자가 가진 고유의 소리를 알려주는 것부터 시작해야 합니다. 읽기를 가르치는 방법은 크게 '발음 중심 접근법'과 '의미 중심 접근법'이 있습니다.

몬테소리 교육에서는 '발음 중심 접근법'으로 언어를 지도합니다. 발음 중심 접근법은 논리적이고 체계적이라는 장점이 있지만 맥락 없는 반복 연습은 아이의 흥미와 참여를 끌어내기 어렵다는 단점이 있습니다. 이 책에서는 아이의 흥미를 고려하면서 일상에서 자연스럽게 글자를 익히는 균형적 접근법으로 발음 중심 접근법의 단점을 보완하며 한글을 소개합니다.

자음 기역의 /그/ 소리와 모음 /아/ 소리가 만나서 '가'라는 글자를 만들 수 있다는 것을 '음운론적 소릿값 인식'이라고 합니다. 자음과 모음의 각각 소리를 배우고 자모를 합성하여 글자를 읽는 활동 후에 의미를 연결하는 방법으로 한글을 익혀갑니다. 소릿값을 인식한 아이는 발음이 정확해지고 읽기 유창성이 더 좋아지며 철자를 쓰는 데 도움이 됩니다. 소릿값의 원리를 터득하지 못하면 한글을 일찍 배워도 초등학교 받아쓰기 과정에서 어려움을 겪을 수 있습니다. 단어 카드에 써진 글자를 사진처럼 찍어서 암기하는 통 글자 인식법으로 많은 양의 글자를 당장 빨리 읽을 수 있더라도 소리글자인 한글을 정확하게 이해하기 어렵습니다.

책에서 소개하는 활동은 엄마가 먼저 시범을 보이고 아이가 해 볼 기회를 주면서 진행합니다. 아이가 스스로 적용해 보고 반복하면서 한글을 익힐 수 있도록 도와주세요. 쓰기와 읽기를 위한 탄탄한 준비를 통해 흔들림 없는 한글의 기초를 마련할 수 있습니다. 몬테소리 언어 교육 원리의 이해를 위해 청사진(로드맵)을 함께 참고해 주세요.

아이는 말을 하기 전부터 사물과 사람을 포함한 다양한 어휘를 인지합니다. 글자 모양 구분에 도움이 되는 물체, 도형, 그림, 기호 등을 시각적으로 보고 비슷한 점과 차이점을 인식하면서 분류하는 것 또한 쓰기와 읽기를 준비하는 과정이 됩니다.

일상의 소리, 동물 소리 등과 같이 단순한 소리의 구분에서 말소리에 관심을 두고 글자가 가진 소리의 특성을 분석하며 청각을 준비합니다. 이야기를 듣고 동요를 따라 부르는 듣기 활동도 모두 글자를 익히기 전에 꼭 해야 하는 준비 단계입니다. 손가락을 통해 선을 느끼고 필기도구를 사용하고 글자의 형태를 따라 쓰면서

몬테소리 언어영역 청사진

2장 / 언어의 준비	3장 / 듣기와 말하기
인지하기(사물/사람) 다양한 어휘 경험 시각적 변별력 청각적 변별력 글자 소리의 구별 ⬇ 사물의 인지 다양한 낱말의 경험 시각과 청각적 변별력 훈련 호기심과 관찰력 자극 언어에 대한 긍정적인 정서	의사소통 능력 및 상호작용 어휘력과 논리력 향상 발음 기관의 준비 타인의 생각 이해하기 자기 생각 표현하기 상황 파악, 상황에 맞는 말하기 ⬇ 타인의 말을 주의깊게 듣기 대화의 흐름을 이해 사물/상황간의 상관 관계 파악 자신의 생각을 논리적인 말로 표현 청해력과 문해력의 기초 쓰기와 읽기의 준비
4장 / 쓰기	**5장 / 읽기**
눈과 손의 협응력 연습 소근육 조작 능력 발달 집중력과 끈기 향상 필기도구 조작 연습 글자의 소리와 모양 익히기 낱말 조합하기 ⬇ 소근육 조작 능력 발달 자기 생각을 글로 표현하려는 욕구 자극 글자의 소리와 모양 알기 글자를 조합하고 분리하는 즐거움 알기	낱말 조합하기 초성+중성+종성 된소리 (쌍자음) 단모음과 이중모음 읽기의 강화 문장 읽기 ⬇ 글자의 소리값을 조합하고 분리해서 읽기 낱말과 짧은 문장 읽기 연습 책 읽는 즐거움 느끼기

본격적으로 쓰기를 위한 준비를 시작합니다. 쓰기와 동시에 각 글자가 가진 소릿값을 인식하며 단어, 문장 읽기를 반복하면서 마침내 통합적이고 총체적인 언어의 활용이 가능해집니다.

아이가 한글을 배워야 하는 궁극적인 이유는 자기의 생각을 말로 표현하고 글로 써보고 사고의 폭을 넓혀가며 타인과 상호작용하기 위함입니다. 단순히 혼자 읽기 위해 한글을 빨리 떼는 것보다 중요한 것이 있음을 놓치지 않길 바랍니다. 아이와의 관계를 망치지 않고 즐겁게 한글 공부하며 문해력 발달까지 이루어지는 엄마표 몬테소리 한글 교육을 성공하시길 기원합니다.

몬테소리 교육, 찾아 헤매지 말자

한국의 몬테소리 교육은 1972년 서울의 운현 유치원(1965년 설립) 박나리 원장님에 의해 처음 소개되어 발전해 왔습니다. 머나먼 이탈리아에서 시작된 마리아 몬테소리의 교육이 우리나라에까지 영향을 미치게 되었습니다. 하지만 국내에 몬테소리 이론을 그대로 현장에 적용하고 있는 기관을 찾기는 쉽지 않습니다. 그렇다고 너무 아쉬워하지 마세요. 일반적인 어린이집과 유치원 누리과정 안에도 이미 몬테소리 교육 방법의 기본 원리가 많이 적용되어 있어요.

누리과정이란 국가에서 공정하게 보육과 교육의 기회를 보장하기 위해 만든 공통 보육·교육과정을 말합니다. 누리과정은 유아의 심신 건강과 조화로운 발달을 도와 민주 시민의 기초를 형성하는 것을 목적으로 합니다. 이것은 몬테소리 교육의 지향점과 일치합니다. 어린이들의 운동능력 발달, 생활 습관 기르기, 의사소통 능력 향상, 자기 존중과 타인에 대한 배려 등 몬테소리 교육과 부합되는 교육 내용이 많습니다.

어린이집이나 유치원에서 제공하는 주간, 월간 계획표의 활동 내용을 가만히 들여다보세요. 누리과정과 몬테소리 교육 과정이 잘 연계되어 있습니다. 가정에서 아이 발달을 위해 어떤 몬테소리 작업을 해주면 좋을까? 고민된다면 기관에서 보내주는 공지를 잘 숙지하고 같은 활동 또는 비슷한 활동으로 가정에서 반복하고 응용해 주세요. 매일 새로운 것을 접하는 것보다 익숙한 작업을 반복하고 특정 기술에 몰입하면서 완전히 숙달할 때까지 연습하는 것이 아이들에게는 더 좋습니다.

몬테소리 재택교육(홈스쿨)의 공식 4가지

1. 자유와 규율이 공존하는 환경을 만들어 주세요.

몬테소리 교육은 아이들의 자유를 높이 삽니다. 그렇다고 '네 마음대로 해'라는 의미는 아닙니다. 아이의 행동이 공동의 이익을 넘어서 해를 끼친다면 이를 확실히 금지해야 합니다. 어른이 일관성 있는 태도로 분명한 규칙을 울타리로 제시하고 그 안에서 아이는 질서를 지키며 자유를 즐길 수 있도록 해야 합니다.

아이 욕구를 존중하면서 어른의 일관성을 유지하기 위해 가정마다 기준이 꼭 필요합니다.

1. 위험한가 2. 남에게 피해를 주는가 3. 단체 생활에 문제가 되는가

예를 들어 아이가 교구를 던지려고 한다면 위험할 수 있으므로 제한해야 합니다. "무겁고 딱딱한 물건은 던지면 다칠 수 있어. 엄마가 던져도 위험하지 않은 물건을 바구니 안에 담아놓을게. 이 물건들은 매트 위에서만 던질 수 있어"라고 말하며 아이가 던지고 싶어하는 욕구를 존중해 주면서 규칙을 인지할 수 있는 환경을 만들어 주세요.

2. 어른의 개입과 간섭, 방해는 기다림으로 대체해 주세요.

로마 공원에서 벌어진 일입니다. 만으로 한 살 반이 된 아이가 작은 삽으로 양동이에 작은 돌멩이를 주워 담고 있었습니다. 집으로 돌아갈 시간이 되었고 유모는 아이를 유모차에 앉히려고 했지만 아이는 말을 듣지 않습니다. 시간이 없기에 유모는 아이가 원하는 돌멩이로 양동이를 가득 채웁니다. 그런데도 아이는 포기하지 않은 채 큰 소리로 울부짖습니다. 우리 집에서도 흔하게 일어나는 장면이 아닐까요? 아이는 돌멩이로 꽉 찬 양동이가 필요한 것이 아니었습니다. 양동이를 꽉 채울 만큼 스스로 일을 하고 싶었던 것입니다. 결과가 아니라 과정이 중요한 아이들에게 어른의 간섭은 오히려 좌절을 부릅니다.

"불간섭의 법칙. 아무것도 하지 마라. 그냥 아이들을 위해 준비만 해 두라. 그러면 아이들이 스스로 알아서 잘할 것이다. 자제가 위대한 진리를 낳는다."

- 마리아 몬테소리 -

3. 아이의 신체 구조에 맞는 실제 물건들을 구해주세요.

어린이들이 스스로 할 수 있는 환경을 조성해 주세요. 이를테면 화장실에서 스스로 손을 씻고 세수를 할 수 있도록 계단을 놓고, 수건을 낮은 위치에 걸어두는 환경입니다. 이것을 예로 삼아 다른 공간도 아이의 눈높이, 신체 크기에 맞도록 준비해 주세요. 어른과 아이가 함께 사는 집안에 아이들이 잊힌 것은 아닌지 살펴주세요.

아이들은 플라스틱 장난감보다 엄마가 쓰는 실제 물건을 다루길 좋아합니다. 현실성 있는 물건들을 다루면서 아이는 촉감, 질감, 무게, 부피 등을 느낄 수 있습니다. 위험하다고 주저하기보다 위험한 물건도 잘 다룰 수 있도록 올바른 사용법을 제대로 알려주세요. 아이는 실수를 통해서 주의하는 방법을 배우고 더 조심하려고 노력하게 됩니다.

"장난감 과일은 돌 과일이나 마찬가지다. 그것은 가짜일 뿐이다. 인형에는 현실감이 전혀 없다. 진짜 생명이 아니고 생명의 모조

품을 놓고 아이의 주의력 부족을 운운하는 것은 터무니없다."

- 마리아 몬테소리 -

4. 3단계 제시법으로 난이도를 조절해 주세요.

몬테소리 교육에서는 아이에게 새로운 개념을 알려줄 때 항상 3단계 제시법을 활용합니다. 이 제시법을 사용하는 이유는 유아가 단계적으로 새로운 개념을 쌓아가도록 돕기 위해서입니다. 모든 것이 새로운 아이에게 한 번에 정확히 습득하기란 쉽지 않은 과제입니다. 이 단계를 거치지 않고 "몇 번이나 설명해야 해! 이걸 왜 아직도 몰라! 어제도 했는데 벌써 까먹었어?"라며 아이를 다그치지 않도록 주의해 주세요. 2장에서 3단계 명칭 교수법을 더 자세히 다루겠습니다.

제2장

언어 발달의
이해와 준비

문태소리 놀이로 한글 깨치기

"아이는 언어를 자기 혼자 힘으로 창조했다. 만일 아이가 이런 힘을 갖고 있지 않아서 자발적으로 언어를 습득하지 않았다면, 인간 세상과 문명이 이룰 수 있는 것은 하나도 없을 것이다. (…) 그러므로 이 시기의 인간이, 말하자면 모든 것을 건설해야 하는 시기의 아이가 얼마나 소중한지를 우리 모두가 잘 알아야 한다. 우리는 이 시기의 아이에게 아이가 필요로 하는 도움의 손길을 줘야 하고 아이가 혼자서 헤매도록 내버려 둬서는 안 된다."

- 마리아 몬테소리 -

한글 교육 언제 시작할까?

많은 엄마가 질문합니다.

"한글은 언제 시작하면 될까요?"

사실 딱 정해진 월령이나 연령은 없습니다. 아이의 언어적 발달 시기가 모두 다르기 때문입니다. 아이가 글자라는 기호에 관심을 두기 시작할 때가 한글을 알려주기 좋은 결정적 시기이고, 관심이 신호라는 것을 알아차려야 하기에 엄마의 관찰이 무척 중요합니다. 또한 아이의 민감기를 파악하기 위해서는 엄마가 아이의 발달을 잘 이해하고 있어야 합니다. 개월 수에 따른 말하기 환경 조성은 3장에서 더 자세히 다루겠습니다.

'한글 교육'이라고 하면 머릿속에 어떤 장면이 떠오르시나요?

아이가 글자를 쓰거나 읽는 모습이 그려지시나요? 아이가 연필을 잡고 글자를 쓰거나 스스로 글을 읽기 전까지 생각보다 많은 준비가 필요합니다.

19세기말 무렵 언어를 관장하는 뇌 센터들이 발견되었습니다. 뇌의 피질에는 언어를 다루는 2개의 센터가 있습니다. 하나는 언어를 듣고 이해하며 받아들이는 '귀'를 관장하는 청각 피질이고 다른 하나는 소리를 생산하는 '입, 목, 코'를 관장하는 운동 피질입니다. 아이가 말을 하기 위해서는 먼저 소리를 잘 들어야 하므로 소리를 인식하는 귀가 발달할 수 있는 환경이 필요합니다. 몬테소리 언어 영역의 흐름(듣기-말하기-쓰기-읽기)에서 듣기가 가장 앞서있는 이유를 이제 아시겠죠?

생후 4개월이면 아이는 말이라는 소리가 입이라는 신체 기관에서 나온다는 것을 인지하고 엄마의 입술을 자세히 관찰합니다. 그리고 5~6개월 무렵에 의미는 없지만 자신의 목소리를 내며 옹알이를 시작합니다. 아이는 언어라는 음성 도구가 어떤 목적이 있다는 사실을 알고 자기 뜻을 말로 표현하기 위해 재잘거리기 시작합니다. 의도가 담긴 인생의 첫 마디를 '초어'라고 합니다. 우리 아이가 "엄마"라는 말을 처음 내뱉었을 때를 기억하시나요? 아이는 언어의 창조자로 거의 2년 만에 언어적으로 폭발하는 놀라운 모습을 보입니다. 한 단어 시기를 거쳐 두 단어, 다 단어를 말하고 5~6세에는 중문과 복문 구조를 자유롭게 구사합니다.

마리아 몬테소리는 "언어란 배우기 무척 어렵고 복잡하지만, 그것을 사용하는 국가 안에서는 노예와 같은 무식한 사람도 다 말할 수 있고, 어느 아이도 모국어를 배우느라 힘들어하지 않는다"라고 전했습니다. 모든 아이는 모국어를 스펀지처럼 흡수하는 능력을 갖추고 있고 언어는 가르치는 것이 아니라 모든 어린이에게 나타나는 자연스러운 발달이라고 설명했습니다.

아이의 언어 능력이 꾸준히 고르게 성장하는 것은 아닙니다. 진전이 없는 듯하다가 어느 순간 아이는 그동안 하지 못했던 말을 쏟아내기 시작합니다. 걱정하던 엄마는 "제발, 그만. 귀에서 피가 날 것 같아"라고 아이가 말을 못 했던 과거를 그리워하기도 합니다. 아이는 천천히 내면에서 활화산처럼 폭발을 준비하고 있었던 것 같습니다. 아이가 생활 속에서 일어나는 일상에 대해 자유롭게 이야기하게 되면 글로 표현하고 싶어 하는 시기가 옵니다. 듣기, 말하기가 충분히 쌓이면 쓰기, 읽기로 언어 영역 단계를 진행하게 됩니다. 쓰기는 일차적으로 신체적 움직임이 필요하므로 읽기보다 선행합니다. 아이가 바로 글을 쓸 수 있는 것은 아닙니다. 쓰기 전에 세 손가락 근육을 많이 쓸 수 있는 활동을 하는 것이 쓰기를 준비하는 데 도움이 됩니다.

　다시 처음으로 돌아가서 "한글이라는 글자를 언제 알려주면 좋을까요?"라는 질문에 더 구체적으로 답을 하겠습니다. 아이가 태아 때부터 적절하게 청각에 자극을 잘 받았고 언어 폭발기에 활발한 상호작용을 경험했고 눈과 손의 협응력, 대근육과 소근육 발달을 위한 일상에서 활동을 충분히 했다면 쓰기와 읽기를 위한 준비도 되었습니다. 아이가 글자에 관심을 두거나 글자 간의 비슷한 점을 찾을 때, 글자를 끼적일 때 한글을 시작해도 좋습니다. "엄마, 이건 뭐라고 쓰여 있는 거야? 엄마, 내 이름에 '김'이 있는데 내 친구 나은이 이름에도 '김'이 있어"라는 질문을 하거나 글자 위에 손가락을 올리고 덧그리는 모습을 보일 수 있습니다.

- 청각과 시각이 센터가 준비되고 눈과 손의 협응이 조화를 이룬 상태
- 대근육과 소근육 발달을 위한 일상생활 운동이 활발한 상태
- 글자에 대한 질문이 많아지고 글자에 관심을 두기 시작할 때
- 글자 간의 비슷한 점을 찾고 끼적이려는 모습이 관찰될 때

　자, 이제 우리 아이가 글자를 익히기를 위한 충분한 준비를 했고 요즘 글자에 대한 질문을 끊임없이 쏟아내며 책을 보고 글자를 읽는 흉내를 내거나 홈이 파인 글자에 손가락을 넣고 따라 쓰려고

하는 모습을 보인다면 한글을 소개해도 좋습니다. 앞으로 소개하는 활동을 아이와 함께할 때 꼭 기억할 내용이 있습니다. 아이와 활동할 때 항상 이 흐름을 기억해 주세요.

초대하기 → 소개하기 → 관찰하기 → 정리 및 마무리하기 → 평가하기

① 초대하기

엄마가 활동을 준비했다고 해서 무조건 아이가 참여해야 하는 것은 아닙니다. "엄마랑 같이 그림 카드놀이 해볼래?"하고 파티에 초대하듯이 아이에게 먼저 초대장을 보내세요. 아이가 원하지 않는다면 "그럼 다음에 하고 싶을 때 언제든지 이야기해줘"라고 말하고 교구장에 다시 정리해 둡니다. 아이가 스스로 하고 싶을 때까지 인내를 갖고 기다려 주세요.

② 소개하기

아이가 초대에 응했다면 뒤에서 나올 3단계 교수법에 따라 하나씩 천천히 소개해 주세요. "이것은 기역이라고 해. /그/ 소리가 난단다", "/그/ 소리가 나는 것은 어떤 것이지?", "이것은 무슨 소리가 나지?" 3단계를 거치며 아이가 숙지할 수 있는 시간적 여유를 넉넉히 주세요.

③ 관찰하기

엄마가 아이에게 활동을 소개하고 시범을 보인 후에 아이 혼자서 할 수 있는 시간을 주세요. 그동안 엄마는 위험하거나 아이가 먼저 도움을 요청하지 않는다면 개입, 방해, 간섭하지 않고 가만히 아이를 관찰합니다. 아이가 어떤 부분을 잘하는지, 어떤 부분에서 아직 어려워하는지, 실수했을 때 어떤 태도를 보이는지, 엄마의 주관적인 판단을 내려놓고 바라봐 주세요.

④ 정리 및 마무리

아이가 활동을 다 마치면 "재밌었어? 엄마도 OO이 덕분에 재밌었어. 이제 원래 자리에 정리해 볼까? 혼자서 정리까지 했구나!"라고 객관적인 사실을 있는 그대로 말하며 칭찬해 주세요. 아이를 부추기기 위해 과장된 반응을 보이거나 "너 정말 똑똑하다"와 같은 칭찬은 참아주세요. 아이가 자발적으로 선택한 활동은 더 깊이 파고들어 집중하고 여러 번 반복한 후에 활동을 마치고 스스로 정리할 확률이 높아집니다.

⑤ 평가하기

'아이가 잘한다, 못 한다'를 평가하라는 것이 아닙니다. 아이가 어려워하는 부분이 있었다면 어떻게 더 쉽게 다가가게 해줄지, 활동하는 동안 아이가 자발적 의지로 흥미를 느끼면서 집중하고 반복하고 싶어 했는지, 아이가 활동할 때 엄마가 지나치게 간섭하고 개입하지 않았는지, 관찰을 통해 얻은 새로운 정보로 앞으로 어떤 환경을 준비하고 보완할지, 관찰하면서 관찰자인 엄마가 어떤 태도를 보였는지를 파악하고 평가해서 다음 활동에 부족한 부분을 더 보완하기 위함입니다.

✏️ 활동 관찰 확인 목록 (체크 리스트)

☐ 활동에 필요한 준비물을 빠짐없이 준비했나요?

☐ 아이에게 자발적 의지가 있었나요?

☐ 아이가 활동에 집중하고 반복하길 원했나요?

☐ 활동 중에 실수가 생기면 아이는 어떻게 반응하나요?

☐ 준비한 활동이 아이 발달 수준에 잘 맞았나요?

☐ 아이가 스스로 정리를 잘했나요?

☐ 부모의 불필요한 도움이나 방해는 없었나요?

☐ 민주 시민 대화법을 사용했나요? (예시: "함께 해줘서 고마워",

 "도와줄 수 있어?", "다음에 또 해보자.")

☐ 활동 후 아이에게 새롭게 관찰된 부분은 무엇인가요?

☐ 다음 활동에 보완하거나 변경할 부분은 있나요?

앞으로 소개하는 활동에는 편의상 초대 – 소개와 관찰 – 정리 및 마무리, 평가로 정리하겠습니다. 꼭 민주 시민 대화법을 사용하면서 정리 및 마무리해 주세요. 활동 관찰 확인 목록(체크 리스트)에 간단한 메모를 남기면서 관찰한 내용을 정리해 보세요. 준비한 활동이 아이 발달 수준에 잘 맞는지, 적극적인 흥미를 보이는지, 실수하면 포기하거나 더 해보려고 하는지, 마음대로 되지 않을 때 교구를 던지거나 울지 않고 엄마에게 도움을 잘 요청하는지, 엄마가 제시한 방법과 똑같이 하거나 자기만의 방법을 적용해 보는지 등을 관찰하면서 아이의 성향과 기질을 살펴보고 언어 이해력과 표현력, 소근육과 대근육 발달 등을 살펴보세요.

활동 관찰 확인 목록(체크 리스트)은 정리 및 마무리, 평가하기 이후마다 반복해서 적용해 주시길 추천합니다.

② 시각적 인지능력 키우기

몬테소리 언어 영역의 발달 단계는 준비, 듣기, 말하기, 쓰기 그리고 읽기 단계로 진행됩니다. 이 단계는 독립적으로 나타나는 것이 아니라 상호 보완적으로 진행됩니다. 먼저 아이가 언어를 들을 수 있는 능력을 갖추면 소리로 들은 뜻을 분석하고 소리와 사물이나 사람을 연결하는 일대일 대응이 가능해집니다. 소리를 구별하고 말할 수 있는 능력이 생기면 자기의 생각을 말로 표현합니다. 말소리와 글자의 관계를 이해하면 글에 관심을 두고 쓰고 싶어 합니다. 그리고 자연스럽게 글자에 담긴 의미를 읽고 싶어 합니다.

아이마다 언어의 그릇이 다릅니다. 어떤 아이는 밥공기만큼만 차도 말이 나오거나 글을 쓰고 하고 싶어 할 수도 있고 어떤 아이는 우동그릇만큼 차도 말하기를 망설이거나 글쓰기를 부담스러워할 수도 있습니다. 아이의 발달 과정을 세심하게 관찰하면서 엄마의 조급하고 불안한 마음을 내려놓으세요. 집에서 간단히 할 수 있는 언어 발달 검사로 우리 아이의 언어 발달에 문제가 있는지 확인한 후 염려되는 부분이 있다면 꼭 전문가와 상의해 보세요. 포털 사이트에 영유아 언어발달 검사라고 검색하고 개월 수에 맞는 검사 자료를 다운받거나 기관에서 검사를 접수할 수 있습니다. 국민건강보험 홈페이지 〉 건강 in 〉 자녀(영유아)검진 정보로 들어가면 발달 검사지를 내려받거나 작성하실 수 있습니다. 발달 평가와 관련한 추천 도서, 『0~5세 말걸기 육아의 힘』도 참고하세요.

0~5세 말걸기 육아

3단계 명칭 교수법으로 단어 익히기

3단계 제시법

1단계 : 단어 소개하기 → "이것은 사과야" 또는 "사과"
2단계 (객관식) : "사과가 어떤건지 가리켜보세요" 또는 "엄마 손 위에 사과를 올려주세요."
3단계 (주관식) : "이것이 뭐지?" → "사과!"

▶ 활동의 소개와 목표

권장 월령 : 12개월 이상

활동 목적 : 어휘력 향상, 사물의 명칭을 새롭게 익히기

준비물 : 아이에게 소개하고 싶은 실제 사물, 사물 카드, 그림 카드

아이에게 새로운 사물의 이름을 쉽게 가르쳐주기 위해 몬테소리 교육에서는 3단계 명칭 교수법을 적극적으로 활용하는 것을 권합니다. 아이와 함께 놀이할 때, 책을 읽어줄 때, 일상생활에서 사람이나 사물을 소개할 때 등 다양한 상황에서 활용할 수 있는 방법입니다. 처음에는 아이가 부담을 느끼지 않을 정도로 한 번에 배우는 단어는 3-4개로 단어를 제시하고 익숙해지면 1-2개씩 추가합니다.

어릴수록 실물을 보면서 새로운 단어를 익히는 것이 도움이 됩니다. 가능하다면 아이가 실물을 직접 보고 만져보며 감각적으로 사물을 경험하는 게 좋습니다. 실물이 없다면 실물과 유사한 모형을 사용한 후 실물 사진, 그림 순으로 난이도를 높이면 됩니다. 아이에게 자동차를 빠방이라고 유아어로 말해주시지 않아도 됩니다. 어른이 사용하는 언어를 그대로 소개하되 더 쉽고 자세히 설명을 덧붙여서 설명해 주면 됩니다.

▶ 활동 과정 및 시범

1단계 : 단어 소개하기

"이것은 사과야", 또는 손가락으로 가리키며 '사과'를 천천히 또박또박 정확한 발음으로 간단명료하게 2~3번 정도 말해주세요. 구구절절 긴 말을 붙이지 않도록 합니다. 처음 만난 사물은 아이가 충분히 만지고 들여다보고 향, 색, 무게, 질감 등을 탐색할 수 있도록 시간을 주세요.

2단계 : 단어 가리키기 (객관식)

아이가 단어를 듣고 단어를 인지하는 과정입니다. "사과를 주세요. 사과가 어떤 건지 가리켜 보세요. 사과를 엄마 손 위에 올려주세요"라고 말하면 아이가 질문을 듣고 해당 사물을 선택할 수 있는지 살펴보세요. 만약 사과를 달라고 했는데 바나나를 줬다면? "바나나를 주었구나. 이것이 사과야"하고 다시 반복합니다. 2단계에서 혼란스러워한다면 다시 1단계로 돌아가세요. 아직 말을 하지 못하는 아이라면 2단계까지만 진행해 주세요.

3단계 : 단어 말하기 (단답형/주관식)

2단계를 어려움 없이 진행했다면 3단계에서 아이에게 "이것이 뭐지?"라고 물어봅니다. 가령 사과, 배, 바나나를 놓고 엄마가 손가락으로 사과를 가리키며 "이것은 무슨 과일이지?"하고 물었을 때 아이가 "사과"라고 사물의 명칭을 말할 수 있으면 사과라는 낱말을 완전히 인지하게 된 거라고 볼 수 있습니다. 아이의 발음이 정확하지 않아도 괜찮아요. 말을 잘하는 아이라면 카드를 보여준 후 뒤집어 놓고 기억 놀이로 난이도를 더 올릴 수도 있습니다. 사물과 이름을 일대일 대응할 수 있다는 것에 뿌듯함을 느낄 수 있도록 해주고 새로운 단어에 또 도전할 수 있도록 동기부여 해주세요.

▶ 정리 및 마무리, 평가하기

활동을 마치고 난 후에, 이렇게 앞에서 배운 내용을 정리합니다.

엄마: 재밌었어? 엄마도 OO이 덕분에 재밌었어. 이제 원래 자리에 정리해 볼까?, 혼자서 정리까지 했구나! 혹시 잘 모르는 친구나 동생이 있으면 OO이가 잘 알려줄 수 있을까?

아이: 응!

엄마: 대답해 줘서 고마워.

이처럼 앞에서 배운 정리 및 마무리 대화를 나눠주세요. 관찰된 내용을 활동 관찰 확인 목록에 간단히 메모하고 다음 활동에 더 보완해 봅니다.

💡 도움말 형제가 있는 가정에서는 큰아이가 동생에게 배운 내용을 알려주면서 메타인지를 키울 수 있습니다. 혼합 연령은 몬테소리 교실의 특징 중 하나입니다. 가정에서 혼합 연령 환경을 최대로 활용해 보세요. 엄마가 바른 말을 사용하고 상대방을 존중하는 태도를 보여주면 아이가 민주 시민 대화법을 저절로 습득할 수 있습니다. "실수해도 괜찮아, 스스로 했구나, 어려웠을 텐데 혼자서도 해냈구나, 네가 정리를 잘 해줘서 엄마가 기분이 참 좋아, 어려워하는 친구나 동생이 있으면 도와줄 수 있을까? 도와줘서 고마워"라고 말해주세요. 처음에는 어색하고 민망하지만, 엄마의 말 습관이 아이에게 큰 변화를 줄 수 있습니다.

체험을 통해 배우는 진정한 언어

아이가 '개' 그림 카드를 보고 개를 완전히 알았다고 말하긴 어렵습니다. 마리아 몬테소리는 말은 그저 구체물에 이름을 붙이는 방식으로 배우는 것이 아니라 구체물의 이미지나 개념과 연결하여 배운다고 했습니다. "개"라는 단어를 말하면서 아이가 머릿속으로 개의 부드러운 털, 짖는 소리, 개의 채취, 움직임 등을 그릴 수 있다면 진짜 '개'라는 단어를 알고 있다고 말할 수 있습니다.

사물이 지닌 내적인 이미지와 개념이 없다면 진정으로 그 언어를 배웠다고 말할 수 없습니다. 언어는 사물을 직접 체험하고 감각과 운동으로 그 속성을 이해할 때 비로소 배우게 되는 것입니다.

아이가 기계적으로 단어를 암기하는 것이 아니라 아이를 둘러싼 환경 안에서 언어를 감각으로 인지할 수 있도록 도와주세요. 아이에게 새로운 어휘를 소개할 때 실물-모형-실물 사진-그림이나 캐릭터 순으로 제시하는 것이 효과적입니다. 뽀로로보다는 진짜 펭귄을 보여주거나 펭귄 실물과 유사한 카드를 활용하는 것이 더 좋습니다. 실물을 통해 추상적인 개념들이 쌓이면 나중에는 캐릭터 그림과 실물을 일치시킬 수 있습니다.

> ✎ **도움말** 실물 경험이 중요하다고 무리해서 아이와 동물원이나 아쿠아리움 같은 장소에 찾아가는 경우가 있습니다. 아이가 카시트에 오래 앉아있지 못하는데 실물 체험을 위해 무리한 장소를 찾아가기보다는 가정과 동네에서부터 시작하시길 권합니다. 야채, 과일, 일상생활 용품부터 공원 산책하면서 만날 수 있는 식물, 곤충도 괜찮습니다. 모든 환경은 아이 눈높이에 맞게 작은 것부터 가까운 곳에서 시작해 주세요.

3단계 그림글자 카드 제시법

그림글자카드 활용법

그림글자카드

그림카드

글자카드

▶ **활동의 소개와 목표**

권장 월령 : 18개월 이상

활동 목적 : 시각적 변별력 향상, 어휘력 발달, 읽기와 쓰기의 간접적 준비

준비물 : 아이에게 익숙한 사물이 그려진 실물 그림 카드 (흰 배경 추천)

　3단계 명칭 교수법 적용 후 아이가 모든 카드의 사물을 인식하고 있다면 그림과 글자 카드로 시각적 인지 능력을 향상합니다. 과일, 동물, 탈 것 등 아이가 좋아하는 주제로 카드를 준비해 주세요. 글자를 읽는다면 첫소리가 같은 사물(가지, 가방, 가위 등) 카드를 사용하면 좋습니다. 이제 그림과 글자 카드를 제시하는 방법에 대해 알려드리겠습니다. 그림만 있는 카드, 글자만 있는 카드, 그

림과 글자가 함께 있는 카드까지 카드의 종류는 총 3가지입니다. 카드의 종류는 아이가 잘 아는 익숙한 사물의 그림과 쉬운 단어 (받침이 없는 글자)부터 선택해 주세요. 아직 글자를 모르고 글자를 읽을 수 있는 시기는 아니므로 그림을 보고 추측하는 단계라는 것을 잊지 않도록 합니다. 24개월 이하는 그림 카드만 가지고 진행해도 좋습니다.

▶ 활동 과정 및 시범

제시 방법 1 : 먼저 그림 카드를 왼쪽에서 오른쪽으로 나열 → 엄마가 읽어주면서 글자 카드를 건네기 → 아이가 글자 카드를 그림과 일치하도록 그림 카드 아래에 글자 카드 놓기 → 짝을 맞춰 나열해 놓은 그림과 글자 카드를 보고 남은 그림 글자 카드 맞추기

아이와 소통하기

① 초대하기

엄마 : 엄마랑 그림글자 카드놀이 할래? 네가 좋아하는 과일이 여기 많이 있네. 딸기, 사과, 바나나, 귤이 있어.

② 소개하고 관찰하기

엄마 : 그림만 있는 카드를 왼쪽에서 오른쪽으로 하나씩 놓아볼까? 혼자서도 잘 놓는구나. 네가 이름이 있는 것처럼 과일도 자

기 이름이 있어. 과일에 이름표를 붙여줄 거야. 엄마가 읽어줄 테니까 네가 과일 아래 이름표를 놓아볼까?

(엄마가 아이에게 글자 카드를 하나씩 건네주면서 과일의 이름을 말해 준다.)

'딸기, 사과, 바나나, 귤' 그림 카드 아래 이름표를 잘 놓아주었 구나.

> 🔖 **도움말** 아직 이 활동이 익숙하지 않다면 엄마가 글자 카드를 건 네줄 때 아이가 부담을 느끼지 않도록 그림이 나열된 순서대로 글자 카드를 건네주면 좋습니다. 아이가 최대한 실패하지 않도록 배려해 주세요. 만약 아이가 이 활동이 익숙하다면 그림 카드의 순서와 다르게 무작위로 글자 카드를 건네주세요.

엄마 : 이번에는 놓여있는 카드들을 보고 그림과 글자가 같이 있는 카드를 아래에 놓아둘 거야. 카드의 짝꿍을 찾아줄 수 있 겠어?

도움말을 참고하고 난이도를 조절해서 아이가 짝을 잘 맞출 수 있도록 돕습니다.

제시 방법 2 : 먼저 그림글자 카드를 왼쪽에서 오른쪽으로 나열

→ 무작위로 섞인 그림 카드를 왼쪽에서 오른쪽으로 차례로 비교해 보면서 같은 그림 짝 맞추기 → 무작위로 섞인 글자 카드를 그림 카드 아래에 짝 맞춰서 놓기

아이와 소통하기

① 초대하기

엄마 : 엄마랑 과일 그림 카드놀이 할래? 네가 좋아하는 과일이 여기 많이 있네. 딸기, 사과, 바나나, 귤이 있어.

② 소개하고 관찰하기

엄마 : 엄마가 먼저 그림과 글자가 같이 있는 카드를 왼쪽에서 오른쪽으로 하나씩 놓아볼게. 이번에는 놓인 카드를 보고 네가 똑같은 그림 카드를 아래에 놓아볼까? 혼자서도 잘 놓는구나.

엄마 : 이제 그림 카드 아래에 이름표를 놓아줄 거야. 엄마가 도와주지 않아도 그림 카드 아래에 혼자서 글자 카드를 놓아볼까? 과일에 맞게 이름표를 잘 놓아주었구나. 짝꿍을 잘 찾아줬네.

> 🔖 **도움말** 글자를 이미지로 변별할 수 있는 아이는 엄마가 글자를 읽어주지 않아도 글자를 비교하면서 그림을 맞추듯이 식별하고 짝을 맞출 수 있어요.

▶ 정리 및 마무리, 평가하기

엄마 : 그림 글자 카드 재밌었어? 재밌게 해줘서 고마워. 다음에 또 하고 싶은 주제가 있으면 말해줘. 제자리로 정리해 볼까? 혼자서도 잘 정리하는구나.

> ✎ **도움말** 아이가 제대로 정리하지 않는다고 걱정하거나 혼내지 마세요. 정리하기 싫어하면 "이번에는 엄마가 정리할게. 다음에는 ○○이가 해보자"라고 정리하는 모습을 계속 보여주세요. 너무 오랫동안 정리를 미룬다면 "어? 이 교구가 여기 있었나? 엄마가 잘 모르겠네" 하면서 엄마가 의도적으로 실수하세요. 그럼, 아이가 와서 "아니, 여기에 놔야지" 하며 제자리에 둘 거예요. 또는 "누가 먼저 제자리에 가지런히 정리하는지 해볼까?"라고 말하면서 경쟁 심리를 살짝 자극해 주세요. 엄마가 생각하는 정리와 아이가 실천하는 정리에는 차이가 생길 수 있습니다. 엄마가 기대한 완벽한 뒷정리가 아니더라도 아이의 노력을 높이 사주세요. 서툴지만 정리하려고 노력하고 있는 과정을 칭찬해 주세요.

시각적 변별 활동 짝맞추기

4단계 짝맞추기

- 물체와 물체 짝맞추기

- 물체와 그림 짝맞추기

- 그림과 그림 짝맞추기

- 그림과 그림자 짝맞추기

- 그림과 조각 그림 짝맞추기

- 그림과 글자 카드 제시

- 글자 카드만 제시

- 글자 한 단어씩 제시

◇ **도움말** 짝 맞추기 활동은 글을 배우지 않은 아이부터 글자를 익힌 아이까지 난이도에 맞게 진행해 주세요. 18개월 이하는 실물과 실물을 연결하면서 사물끼리 일대일 대응의 경험을 많이 시켜줍니다. 18개월 이상은 사물에 대한 경험을 토대로 입체적인 물체와 동일한 평면 그림의 짝을 찾기가 가능해집니다. 아이의 인지 발달에 맞게 점차 그림과 그림 짝 맞추기, 그림과 특징이 확연히 구분되지 않는 그림자 짝 맞추기로 난이도를 올립니다. 그리고 그림에 대한 인지가 충분히 된 3세 이상의 경우 그림과 글자를 연계할 수 있도록 글자 카드를 함께 활용합니다. 글자를 모양으로 구분하고 같은 글자를 찾으면서 시각적 변별력이 향상됩니다.

패턴 맞추기

패턴 맞추기 영상

▶ 활동의 소개와 목표

권장 월령 : 30개월 이상

활동 목적 : 시각적 변별력을 통한 규칙의 발견, 글자의 상징에 대한 지각 능력 향상

준비물 : 구슬 끼우기 교구/ 모양 스티커/ 패턴 예시 카드와 블록/ 할리갈리 컵스

　패턴에 맞추어 구슬을 끼우거나 패턴 카드를 보고 규칙에 맞게 카드를 나열하는 활동입니다. 꼭 시각 자료만 가지고 할 필요는 없습니다. 박수 소리나 신체 활동으로도 아이가 몸으로 움직이면서 패턴을 발견하고 반복하는 연습을 할 수 있어요. 패턴은 단순한 것부터 복잡한 것으로 진행하고 적은 수로 시작해서 점차 늘려 갑니다. 글자는 자음과 모음이 합쳐져서 낱말을 만들고 다양한 낱

말들이 문장을 구성하며 주어, 목적어, 서술어와 같은 성분이 됩니다. 아이가 순서에 따라 만들어진 일정한 규칙을 찾으면서 언어를 구사할 때 언어 안에 담긴 약속을 이해할 수 있습니다. 반복되는 패턴 속에서 다음에 나올 것을 예측하면서 언어 발달에 도움을 줍니다.

▶ 활동 과정 및 시범

아이와 소통하기

① 초대하기

엄마 : 엄마랑 구슬 끼우기 놀이해 볼까? 그림을 보고 똑같은 모양으로 만들어 볼까?

② 소개하고 관찰하기

엄마 : 혼자서도 잘 끼웠구나. 구슬을 끼운 막대를 카드 위에 올려서 똑같은지 비교해 보자.

(예시 카드를 보고 아이가 스스로 오류를 찾고 고칠 수 있도록 기회를 줍니다.)

아이 : 어? 엄마! 이거 빨간색이 아니라 흰색이었네.

엄마 : 더 하고 싶으면 이미 했던 카드는 뒤집어 두고 다른 카드를 꺼내보자.

▶ 정리 및 마무리, 평가하기

엄마 : 카드를 보고 색깔에 맞게 순서대로 혼자서도 잘 끼웠구나. 열심히 해줘서 고마워. 다음에 또 하고 싶으면 이야기해 주고 이제 제자리에 정리하자.

> 🔖 **도움말** 아이가 한 카드에만 집중할 수 있도록 이미 작업했던 카드는 뒤집어 두세요. 아이의 선호 손 방향에 맞게 교구를 놓습니다. 오른손잡이면 오른손으로 끼우기 쉽도록 끼워야 할 구슬이나 블록을 오른쪽에 놓습니다. 정정판(예시 카드)이 되는 패턴 카드는 한 번에 한 개씩만 제시하고 다른 카드는 뒤집어 놓아 동시에 보면서 혼란을 느끼지 않도록 배려합니다.
>
> 아이가 어려워하면 패턴을 더 단순한 것으로 바꾸고 아이가 쉽게 해내면 패턴의 복잡도나 구성요소의 수를 늘려줍니다. 패턴 카드를 구매하고 싶으시면 포털 사이트에서 '언어치료 교구 패턴 카드'라고 검색하세요. 할리갈리 컵스의 권장 연령은 5세 이상으로 컵 쌓기와 패턴 읽기가 융합된 보드게임입니다.

차례차례 순서 카드

차례 순서카드 영상   달 변화   한살이 교구 도안

▶ 활동의 소개와 목표

권장 월령 : 36개월 이상

작업 목적 : 순서에 대한 인식 발달, 논리적 사고와 표현력 증진, 상황에 알맞은 언어 사용

준비물 : 한 세트 순서 카드(사물의 변화, 일의 준비-진행-마무리)/ 동식물 한 살이 교구

한 세트의 카드를 순서대로 정리해서 쌓아 놓고 책장을 넘기듯이 한 장씩 넘기면서 각각의 상황에 대해 먼저 이야기해 주세요. 아이가 상황의 순서를 잘 이해한 후에 엄마가 카드 한 장을 골라서 놓습니다. 가장 먼저 일어나는 일이나 가장 마지막에 일어나는

일을 나타내는 카드를 맨 왼쪽이나 오른쪽에 놓습니다. 남은 카드는 순서를 섞어서 아래 놓아둡니다. 아이는 엄마가 제시한 카드를 보고 남은 카드들을 비교하면서 순서대로 놓습니다. 카드 뒷면에 카드의 순서에 따라 숫자를 적어두거나 점의 개수를 표시해 두면 아이가 카드를 뒤집어 보고 스스로 정정할 수 있습니다.

▶ 작업 과정 및 시범

아이와 소통하기

① 초대하기

엄마 : 엄마랑 차례차례 순서 카드놀이 해볼까?

② 소개하고 관찰하기

엄마 : 4장의 카드가 있어. 무슨 그림인지 한번 보자. 이 카드 안에 있는 친구는 무엇을 하는 거지?

아이 : 세수하는 것 같은데? 이 카드는 얼굴에 비눗물을 묻혔어. 비눗물을 깨끗하게 물로 헹구고 수건으로 닦고 있어.

엄마 : 자, 엄마가 이 카드를 여기에 놓을게. (첫 번째 순서 카드를 맨 왼쪽에 놓고) 이제 다음에 일어날 일을 네가 한번 차례대로 놓아볼래?

(아이가 혼자서 순서에 맞게 카드를 나열하는 모습을 관찰한다.)

아이 : 다 됐다. 이거 봐!

엄마 : 혼자서도 순서에 맞게 잘 놓았구나. 세수하는 순서를 그림을 보면서 다시 말해볼까?

아이 : 첫 번째, 얼굴에 물을 묻힌다. 두 번째, 비누칠 한 손으로 얼굴을 문지른다. 세 번째, 깨끗한 물로 얼굴을 헹군다. 마지막으로 얼굴의 물기를 수건으로 닦는다.

▶ 정리 및 마무리, 평가하기

엄마 : 카드를 보고 순서대로 잘 말하는구나. OO이도 세수할 때 이렇게 차근차근 순서대로 잘할 수 있지? 엄마랑 함께 차례차례 순서 카드놀이 해줘서 고마워. 이제 정리할까? 다음에 또 하고 싶으면 말해줘.

> ✎ **도움말** 아이가 언어적 발화가 잘 되고 있다면 작업을 시작할 때 엄마가 보여주는 카드를 보고 어떤 상황인지 스스로 추측하고 말하게 해주세요. 아직 표현하기 어려워한다면 엄마가 간단하게 상황을 설명해 주세요. 카드가 없다면 아이가 즐겨 읽는 책의 중요한 부분을 사진 찍거나 그림을 그려서 카드 대신 사용하세요. 책에 담긴 이야기의 흐름에 따라 어떤 순서로 전개됐는지 이야기 나누고 차례대로 놓아보세요. 그리고 책이 끝난 후에 어떤 일이 일어날지 상상해 보는 것도 좋습니다. 또는 아이의 일과를 찍은 사진을 보고 순서대로 말하면서 시간 변화에 따라 연결어와 적절

한 시제에 맞는 어휘를 사용하도록 도와주면 언어 발달에 큰 도움이 됩니다. 동물이나 식물의 성장 과정을 영상, 실물 그림, 모형으로 익히면서 더 긴 범위의 시간 동안 일어나는 일의 순서를 익힐 수도 있습니다.

청각의 자극을 위한 듣기 환경

저는 차에서 이동 중이거나 놀잇감을 가지고 놀 때처럼 아이가 특별히 집중력을 요구하지 않는 시간에 흘려듣기를 합니다. 물론 아이에게 듣고 싶은지 먼저 물어봅니다. 상황에 따라 클래식, 동요, 동시, 전통음악, 뮤지컬, 옛이야기, 창작 동화, 외국어 등으로 선택합니다. 엄마의 말로 아이의 언어 그릇을 다 채워주기 힘들기 때문에 좋은 이야깃거리를 들려주는 것도 다양한 어휘를 노출하기에 좋은 방법입니다.

또 잠자리에 들 때 불을 끄고 아이와 오늘 일과에 관해 이야기하거나 아이가 최근에 반복적으로 읽고 있는 책의 줄거리를 말해 줍니다. 눈을 감고 머릿속에서 책장을 넘기듯이 이야기해 주면 어느덧 아이가 책을 다 외운 듯이 꿰뚫고 있는 모습을 발견합니다.

그렇게 이야기를 듣다가 잠들면 이것이 바로 잠자리 독서 아닐까요? 빨리 재우고 싶은 엄마 마음도 모르고 잠들기 싫어서 책 읽어 달라고 버티는 아이에게 벌컥 화를 내고 재웠다면 이제는 불을 끄고 재미있는 이야기를 들려주세요.

귀 기울여 듣기 훈련을 위해 저는 아이에게 재미있는 이야기를 들려주고 틀린 내용을 찾는 놀이를 합니다. 24개월 이상인 아이에게 권장하는 놀이로 아이가 재미있어 할 이야깃거리를 준비하되, 아이 언어 발달 수준에 따라 길지 않은 이야기로 선택하세요. 아이와 자주 읽었던 책을 보지 않고 이야기로 풀어주는 것도 좋습니다. 처음에는 원작을 살려서 말해주세요. 예를 들어 토끼와 거북이 이야기라면 처음에는 책에 나온 내용과 똑같이 말해주세요. 그리고 두 번째로 말해줄 때는 중간중간 요소를 다르게 말해주세요. '토끼' 대신 '말'이라고 하면 아이가 "말이 아니라 토끼인데"라고 반응을 보일 거예요. 이런 말놀이를 통해서 아이가 엄마의 말을 주의깊게 듣고 다른 사람이 말할 때 차분히 집중해서 듣는 연습을 할 수 있어요.

요즘 아이들은 미디어 세대입니다. 연예인이나 캐릭터가 등장하는 노래를 많이 듣다 보니 아이의 생활이나 심리를 표현한 어린이를 위한 노래인 동요나 동시를 들을 기회가 많지 않습니다. 제가 어릴 때는 고무줄 놀이를 하면서 자연스럽게 많은 놀이노래를 익혔어요. 동요는 따라 하기 쉬운 운율과 형식이 들어있

께롱께롱 놀이 노래

고 우리의 문화가 담겨있어서 아이에게 들려주고 함께 불러보면 정말 좋습니다. 골목 놀이 문화가 사라진 우리 아이 세대에 잊혀가는 전통 가락도 들려주세요. 저희 아이는 풍물놀이와 판소리도 정말 재밌어했어요. 『께롱께롱 놀이 노래』를 참고도서로 추천합니다.

수수께끼는 사물의 이름을 바로 말하지 않고 빗대어 말하는 말놀이에요. 이 놀이를 통해 한 가지 사물을 다양한 각도로 바라볼 수 있습니다. 아이에게 생각거리를 제공하면 아이는 호기심 가득한 눈으로 집중해서 듣고 상상력과 창의력을 발휘합니다. 엄마도 아이의 엉뚱하고 기발한 생각을 느껴볼 수 있습니다. 바로 보이는 답이 아니라 돌아가는 답을 경험하면서 아이가 곰곰이 생각할 기회를 줍니다. "아기일 때는 꼬리가 있지만 어른이 되면 꼬리가 없어지는 것은?", "거꾸로 매달린 집은?", "익을수록 고개를 숙이는 것은?" 정답은 2장 더 나아가기에서 확인하세요.

아이에게 옛이야기를 들려준 적이 있나요? 옛이야기를 들으면서 아이는 듣는 태도를 배우고 말귀를 알아듣는 힘을 키울 수 있습니다. 우리의 옛이야기에는 조상들이 살아온 지혜와 문화가 담

세계 민담 전집1

겨있습니다. 과거에 비해 세대 차이가 더 크게 나타나는 우리 아이들이 자연스럽게 조상들의 삶을 들여다볼 기회가 됩니다.

아이와 《선녀와 나무꾼》을 읽을 때 결혼하지 않은 나무꾼의 길게 땋은 머리카락을 보고 과거에는 결혼의 여부를 머리모양으로 알 수 있었다는 것도 알려줄 수 있었습니다. 옛이야기를 맛을 살려서 읽어주고 아이의 반응에 따라 엄마만의 색깔로 각색해 보세요. 아이와 함께 우리만의 이야기책을 만들어보는 것도 좋습니다. 아이가 말해주면 엄마가 작은 수첩에 적어주면서 아이가 간접적으로 글쓰기를 경험합니다. 훗날 아이가 자라서 부모가 되었을 때, "할머니가 아빠 어렸을 때 해준 이야긴데"하고 자기 자식에게 내가 했던 것처럼 옛이야기를 들려주는 모습을 상상을 해보세요. 우리가 아이의 곁을 떠나도 이야기는 아이의 추억 속에 남아 있을 거예요.

"나는 옛이야기의 힘을 믿는다. 특히 원형적인 옛이야기의 힘을. 좋은 이야기를 통해 얻은 깨달음은 순수하고 심오하며 강력하다. 그것은 머리가 아닌 가슴에 새겨져서 몸을 바꾸고 삶을 바꾼다. 어느새 우리와 한 몸이 되어서 함께 움직여 나간다. 우리 삶이 지속되는 마지막 순간까지, 아니 어쩌면 삶이 마무리되는 그날 이후까지도 사람은 떠나도 이야기는 남는다."

- 『삶을 일깨우는 옛 이야기의 힘』, 신동흔 -

글자 소리 구분하기

음절 수 맞히기

음절 컵/케이크 도안

음절 4단 케이크 도안

음절 컵쌓기 영상

▶ 활동의 소개와 목표

권장 월령 : 3세 이상

작업 목적 : 단어를 이루는 음절에 대한 인식, 단어의 소리를 분석하는 능력 발달, 어휘력 증진

준비물 : 1-4개 낱말로 구성된 여러 가지 물체 또는 그림 카드

▶ 활동 과정 및 시범

아이와 소통하기

① 초대하기

엄마 : 엄마랑 음절 수 맞히기 놀이해 볼까? 음절은 말소리 단위야. 엄마 이름은 정, 미, 영이 잖아. (손가락을 하나씩 접으면서) 정, 미, 영. 엄마 이름은 3글자가 들어간다. 네 이름은 어때?

아이 : (아이가 자기 이름을 말하면서 손가락을 접고) 엄마, 내 이름도 3개야!

② 소개하고 관찰하기

엄마 : 그러면 여기 있는 모형 친구들은 이름이 몇 글자로 되어 있는지 알아볼까?

엄마와 아이가 함께 :

감 (손가락을 접거나 박수를 한 번 치면서) 1음절

가지 (손가락을 접거나 박수를 두 번 치면서) 2음절

고양이 (손가락을 접거나 박수를 세 번 치면서) 3음절

고슴도치 (손가락을 접거나 박수를 네 번 치면서) 4음절

▶ 정리 및 마무리, 평가하기

엄마 : 사람이나 물건 이름이 몇 글자로 만들어졌는지 배웠지? 네 덕분에 엄마도 재밌었어. 어떤 글자가 제일 긴지 찾으면 엄

마한테 꼭 말해 줘.

아이 : 엄마, 선! 생! 님! 선생님도 3 음절이네. 자! 전! 거! 자전거도 3 음절이네.

아이가 티라노사우루스는 여섯 글자나 된다며 좋아했어요. 이렇게 낱말을 소리로 분리하는 것이 익숙해지면 카드를 사용해서 종이컵 탑 쌓기나 4단 케이크 놀이로 응용해 보세요. 아이가 음절을 익히게 되면 글자는 모르지만, 음절 수로 글자를 구분할 수 있습니다.

제 경우는 빨래를 즐기는 아이를 위해 아이용 고무장갑을 준비했는데 왼쪽과 오른쪽을 구분하기 힘들어했어요. 고무장갑 위에 '왼손, 오른손'이라고 적어두었더니 글자의 수를 보고 혼자서 고무장갑을 알맞게 낄 수 있었습니다.

앞에 소개한 활동은 청각으로 음절 수를 알아맞히는 놀이입니다. 이번에는 시각적으로 음절을 분석하는 작업을 소개하겠습니다. 집에 있는 실물과 유사한 모형이나 그림 카드로 음절을 쪼개 보세요. 청각과 시각을 모두 자극하면서 변별력을 키우는데 좋은 작업입니다.

실물 상자

▶ 작업의 소개와 목표

권장 월령 : 3세 이상

작업 목적 : 사물들의 첫소리를 인식, 단어의 소리를 분석, 어휘력 증진

준비물 : 실물과 유사한 모양의 다양한 모형(현실감 있는 제품으로 추천), 작은 서랍장(14개), 자음 스티커 또는 접착력있는 메모지(라벨지)에 직접 쓰기

▶ 작업 과정 및 시범

아이와 소통하기

① 초대하기

엄마 : 엄마랑 실물 상자 놀이해 볼까? 우리가 아파트에 사는 것처럼 실물 상자 안에는 14개의 집이 있어. 이 물건들은 살고 있는 집이 딱 정해져 있어. 기역(ㄱ) 서랍에는 기역으로 시작하는 이름을 가진 친구들만 들어갈 수 있어. 첫소리가 같은 친구들끼리 모아줄 거야. 해볼까?

② 소개하고 관찰하기

엄마 : 기역(ㄱ)서랍에는 어떤 친구가 들어갈까? 기역은 /그/ 소리가 나. 여기 기차가 있네. /그/, /그/, /그/ 소리가 나는 기차. 네가 서랍에 넣어줄래? 또 /그/ 소리가 나는 건 뭐가 있을까?

아이 : (모형을 탐색하면서) 구급차! 기린!

엄마 : 와, 정말이네! 구급차랑 기린도 /그/ 소리가 나는구나. 혼자서도 찾았네.

(아이와 함께 각 자음의 소리를 소개하고 모형을 모두 넣어봅니다.)

엄마 : 와! 실물 친구들이 다 집에 들어갔네. 네가 집을 잘 찾아줬구나. 집 찾는 거 도와줘서 고마워.

　자음 14개를 차근차근 추가하다 보면 어느새 아이가 자음 소리에 익숙해집니다. 한 글자 당 2~5개 정도의 모형을 활용하세요. 실물 상자는 시중에 판매하는 몬테소리 회사에서 세트로 살 수 있지만 비용이 많이 듭니다. 다이소에서 적당한 크기의 서랍장을 산 뒤 실물 모형을 하나씩 수집해 보세요. 만약 집에 실물과 유사한 모형이 없다면 서랍 크기에 맞는 실물 카드로 대체해도 됩니다. 아이가 실물 상자를 통해 사물의 첫소리가 같다는 것을 시각과 청각을 함께 활용해서 소리를 분석하고 분류하는 데 도움이 되는 작업입니다.

　아이가 기역(/그/)에 익숙해지면 일상에서 "어? 놀이터에도 기역(/그/) 소리가 나는 게 있네? 그네!", "엄마랑 고구마 먹을래? 어? 고구마에도 기역(/그/) 소리가 났었네", "감자도 기역(/그/) 소리가 나는구나!"하고 주변에서 만날 수 있는 기역 소리를 아이와 같이 찾아보세요. 앞에서 소개했던 3단계 그림글자 카드와 실물 상자를 함께 활용하면 더 좋습니다.

수수께끼 놀이

"아기일 때는 꼬리가 있지만 어른이 되면 꼬리가 없어지는 것은? 정답은 개구리입니다."

"거꾸로 매달린 집은? 정답은 벌집입니다."

"익을수록 고개를 숙이는 것은? 정답은 벼입니다."

하지만 아이들은 제각각 다른 답을 말할 수 있어요. 제가 공부한 돈보스코 몬테소리의 소장님께서 들려주신 일화를 소개합니다. 어느 유치원 선생님께서 수수께끼를 냈데요. 질문은 "익을수록 고개를 숙이는 것은?"이었습니다. 선생님이 정한 답은 '벼'이지만 다른 답을 말한 아이들이 있었어요. 한 아이는 '삼겹살' 그리고 다른 아이는 '해바라기'. 이 아이들에게 어른은 "엉뚱한 소리 좀 하지 마!"라고 질책하지 않고 "왜 그렇게 생각해?"라고 물어봐 주어야 합니다.

삼겹살이라고 답한 아이는 고기가 익으면 빨리 먹고 싶어서 자기도 모르게 불판 가까이 고개를 숙인다고 말했고 다른 아이는 할머니 집 마당에 있던 키가 큰 해바라기가 익어서 머리가 너무 무거워져 고개를 푹 숙이고 있었다고 답했습니다. 저는 이 일화를 듣고 '정답 맞히기' 틀에 갇혀버린 제가 부끄러웠습니다. 독창적이고 개성 있는 아이들의 생각과 의견에 더 귀 기울여야겠다는 가르침을 받았습니다.

한글 교육 접근법 (통 글자 VS 소릿값) : 한글의 소개

한글을 익히는 방법에는 통 글자 교육과 음가 교육, 두 가지 접근법이 있습니다. 벽면에 포스터를 붙이거나 그림글자 카드를 반복적으로 노출하면서 아이가 사진을 찍듯 글자를 하나의 이미지로 인식하며 습득하는 방식을 통 글자 접근법이라고 합니다. 통글자로 글자를 익히면 짧은 시간 안에 많은 단어를 익힐 수 있는 장점이 있습니다. 하지만 통 글자로만 배우게 되면 외워서 익혔기 때문에 글자의 모양이 달라졌을 때 구별하기 어려워하고 음절의 소리를 식별하기 힘들 수 있습니다. 띄어쓰기나 문장 부호를 다루는 것도 낯설어할 수 있습니다.

몬테소리 한글은 각각의 자음과 모음 고유 소리를 소개하면서 감각적으로 글자를 익히는 소릿값 교육으로 접근합니다. 자음 19

개와 모음 21개의 소리를 하나씩 익히며 각각의 소리가 모이고 분리되면서 단어를 자유롭게 조합해 글자를 습득합니다. 소리를 익혀서 글자를 만들기 때문에 듣고 받아쓰기에 강하고 낯선 단어도 소리로 조합하는 것에 익숙해질 수 있습니다. 통 글자 교육과 음가 교육 중 특정한 접근법 하나만 더 좋다고 말할 수 없습니다. 두 방법의 장점을 적절히 사용하면서 아이가 소리와 기호를 함께 연습해 가도록 준비된 환경을 만들어 주세요.

아이가 처음 한글을 배울 때는 이름이나 좋아하는 주제로 내적 동기를 자극해 주세요. 자기에게 의미 있는 말을 먼저 알려주면 자발적 의지가 더 커집니다. 저도 아이에게 가장 의미 있는 아이의 이름부터 시작했습니다.

아이 사진과 이름이 함께 들어간 카드를 준비해서 아이와 함께 이름을 통 글자로 노출했습니다. 아직 기관에 다니지 않는 아이라면 입학하기 전에 자기 이름을 식별할 수 있도록 도와주세요. 기관에서 자기 물건과 자리를 찾는 데 도움이 됩니다. 저는 가족사진으로 준비해서 아빠, 엄마, 아이의 이름을 함께 소개했어요. 가족이라는 단어의 의미도 소개할 수 있습니다. 그 외에도 간단하게 우리 가족을 소개하는 카드를 만들어 보세요. 아이가 가장 좋아하는 주제(과일, 자동차, 캐릭터 등)로 글자를 소개해도 아이의 호기심과 관찰력을 자극하는 데 효과적입니다.

홍이석   정지영   홍이든

▶ 활동 예시

엄마 : (아이의 이름을 부르며) ㅇㅇ아~ 잠깐 엄마한테 올 수 있어?

엄마 : 엄마가 네 이름을 불렀더니 대답하고 왔네. 어린이집에서도 선생님이 이름을 부르면 "네"하고 대답하지? 사람이나 물건에는 다 이름이 있어. 이름은 부를 수도 있고 쓸 수도 있어. 네 이름을 어떻게 쓰는지 궁금해? 이 글자는 한글이라고 불러. 한글은 세종대왕께서 만드신 글자야.

엄마 : 엄마가 사진이랑 이름이 적힌 카드를 준비했어. 여기에 붙여둘 테니까 네 이름을 어떻게 쓰는지 잘 기억해 둬.

한글 교육 접근법 : 단풍맘 관찰일지 예시

　아이가 현재 어떤 민감기에 있고 무엇에 관심이 있는지를 꾸준히 관찰하세요. 아이의 흥미에 맞는 작업을 준비하고 진행하면서 관찰되는 내용을 토대로 간단히 기록하면서 엄마표 몬테소리의 체계를 잡아가시면 좋습니다. 제 관찰일지를 참고해서 아이의 민감기를 꾸준히 관찰해 보세요.

관찰일지 자료 및 예시

제3장

듣기와 말하기

말이 예쁜 아이의 언어 환경

몬테소리 놀이로 한글 깨치기

"우리의 조부모와 증조부모는 이론에 대해 아무것도 몰랐는데도 자식들을 아무 문제없이 키워냈고 인류는 지금도 여전히 존재하고 있다. (…) 엄마가 장사꾼과 흥정할 때도 아이는 거기에 있다. 엄마가 하는 모든 것을 아이는 보고 듣는다. 엄마와 아이는 동행해야 한다. 엄마 등에 업혀 다니는 아이는 모든 것을 자신의 눈으로 직접 본다. 어느 민족이든 아이를 함께 데리고 다닐 수단을 갖고 있었다."

- 마리아 몬테소리 -

세상 속에서 배우는 말

엄마가 주 양육자라면 아이는 엄마의 표정, 말투, 행동까지 많이 닮아갑니다. 아이는 엄마가 자기에게 하는 사소한 말부터 다른 사람들과 나누는 대화까지 전부 듣고 있습니다. "엄마의 말은 순간이지만 아이의 가슴에는 평생 남습니다." 『엄마의 말 연습』이라는 책에 담긴 이 한 문장이 왜 이렇게 가슴을 뒤흔들까요?

아이 : 이거 먹기 싫은데. 볶음밥 먹을래.
엄마 : 그냥 먹어. 엄마 피곤하게 좀 하지 말고.

아이 : 더 자고 싶어. 유치원 안 갈래.
엄마 : 빨리 일어나. 씻고 밥 먹고 옷 입고 유치원 갈 준비해야

지. 빨리빨리! 그러다 또 지각하면 되겠어? 안 되겠어?

아이 : 놀이터에서 더 놀고 싶은데.
엄마 : 그럼, 너 여기서 놀아. 엄마는 먼저 갈게.

아이 : 아! 아파~ 아! 뜨거워.
엄마 : 아프긴 뭐가 아파? 엄살 부리지마. 하나도 안 뜨거운데! 왜 까탈을 부려?

아이 : 으아~ 엄마~(울음).
엄마 : 뭘 잘했다고 울어? 이게 울 일이야! 울지 말고 말해!

요즘 제가 쓰는 말과 아이가 쓰는 말을 적어봤습니다. 긍정어보다 부정어가 많았고 권유하고 인정해 주기보다 지시하고 명령하고 질책하는 표현이 많았습니다. 아이가 제 계획에서 벗어나려고 하면 "그러면~ 안 해준다!"라고 협박하고 위협하는 표현도 썼습니다. 아이도 역시 "싫어, 아니야, 안 할래, 왜!"라는 표현을 자주 썼습니다. 아이의 감각과 감정까지 맞다 또는 틀렸다고 제가 판단할 수 있는 일은 아니었습니다. 음식이 뜨거운 것은 아이의 감각이고, 슬퍼서 눈물이 나는 것은 아이의 감정인데 제 기준으로 아이를 판단하고 평가했습니다.

그럼 어떻게 말해주면 좋을까요? 저는 부정적인 감정이 치밀어 올 때 잠시 숨을 고른 후 이 두 가지부터 생각했습니다.

첫 번째, 아무리 화가 나도 어른에게 하지 않는 말이나 표현은 아이에게도 쓰지 말자. "아프긴 뭐가 아파? 엄살 부리지 마. 하나도 안 뜨거운데! 왜 까탈을 부려?" 이 말을 아이가 아닌 어른에게 썼다고 가정해 보면 상대방이 어떤 반응을 보일까요? 굉장히 기분이 나쁠 거예요. 반대로 내가 들었다고 생각하면 '내가 지금 아프다는데 왜 저렇게 말해?'하고 마음이 많이 상할 거라는 생각이 들었어요.

두 번째, 아이의 의견이나 감정의 원인을 먼저 물어보자. 아이가 짜증 내거나 울먹일 때, 지적하고 싶은 말을 하거나 문제 행동을 보일 때면 "왜 기분이 안 좋았어? 왜 그렇게 말했어? 왜 물건을 던졌어?"라고 우선 물어봅니다. 아이가 물건을 던지자마자 "너! 이리 와. 엄마가 던지지 말랬지! 몇 번을 말해! 던지면 돼? 안돼? 대답해!"라고 아이의 행동을 훈육하기 전에 왜 그런 행동을 했는지 이유를 물어볼 때마다 아이는 자기 나름의 이유가 있었습니다. 그 행동을 했을 때 어떤 일이 일어나는지 궁금하거나 실수였던 적도 있었어요. 아이가 한 말이나 행동이 내 마음에 들지 않는다고 아이의 마음을 상하게 말할 필요는 없어요. 그렇게 말하지 않아도 아이는 엄마의 눈빛, 표정 그리고 엄마가 풍기는 분위기에서 충분히 자기가 뭔가 잘못했다는 것을 느낄 수 있습니다.

화내지 않고 윽박질러 아이의 기를 꺾지 않고 제 마음과 생각을 전하는 표현을 배워야겠다고 생각했습니다. 『엄마의 말 연습』이라는 책을 읽고 제 마음을 더 예쁘게 표현하는 방법을 찾기 위해 요즘 내가 자주 쓰는 말을 적고 어떻게 바꿔서 말해볼까 고민했습니다. 아이가 자주 쓰는 말을 살펴보고 어떤 영향 때문인지 환경을 점검해 봤습니다. 여러분도 화내지 않고 아이를 사랑하고 아끼는 마음을 오롯이 전하는 '엄마의 말 습관'이 필요하시다면 지금 펜을 들고 적어보시길 추천합니다.

엄마의 말습관 점검

엄마들의 독서 모임에서 '과거에 비하면 세상이 훨씬 더 풍요로워졌고 자녀의 수는 줄었는데 요즘 엄마들은 왜 아이를 키우는 것이 할머니 세대보다 더 힘들게 느껴질까요?'라는 고민을 나눈 적이 있습니다. '아이 하나를 키우는 데는 온 마을이 필요하다'라는 말이 있듯이 과거에는 이 집 저 집이 다 내 집 자식처럼 함께 키웠습니다. 누구네 가서 놀고 누구네 가서 밥 먹으며 공동육아가 한 마을의 문화였습니다. 대가족이면 아이에게 한 마디씩만 말해줘도 금방 열 마디가 됐습니다. 지금은 어떤가요? 한 엘리베이터를 놓고 매일 만나도 누가 누구인지 알지도 못합니다. 오늘날, 한 가정의 부모는 과거 대가족의 역할을 온전히 다해내야 합니다. 엄마가 아이에게 열 사람의 말을 해줘야 하니 에너지와 체력은 금방

고갈됩니다. 엄마의 컨디션이 좋지 않으면 마음과 다르게 순간 아이에게 모진 말을 하고 또 후회하기를 반복합니다.

어린이집에 다니기 전까지 코로나 시국에 엄마와 거의 단둘이 집에 있었던 제 아이도 말이 빠르지 않았습니다. 23개월에 내뱉는 말은 한 단어씩 10개 남짓이었어요. 말이 빠르지 않은 아이는 기관에서 자기 생각을 말로 표현하지 못하면 실망, 분노, 좌절감을 느끼게 됩니다. '엄마'라는 한 단어만 말해도 다 알아주는 유일한 통역자가 부재한 상태니까요. 저희 아이도 어린이집에 적응하는 데 넉 달이 걸렸습니다.

'어떤 도움을 주면 좋을까?' 고민했습니다. 제가 찾은 답은 "아이와 함께 마을로 나가자!"였습니다. 아이가 어린이집을 다녀온 후에 한 시간씩 동네를 산책하며 아이와 동행했습니다. "오늘은 우유가 필요해서 슈퍼에 갈 거야. 딱 우유만 사서 오는 거야!"라고 말해 두었는데 제가 우려했던 것보다 아이와 함께하는 여정은 그리 험난하지 않았습니다. 덕분에 저는 아이를 등원시키고 나만의 시간을 더 누릴 수 있었고 아이와 함께 은행, 우체국, 철물점, 도서관 등을 다니며 아이가 삶에 필요한 언어를 들을 수 있는 환경을 만들었습니다.

제가 추천하는 아이와 동행하기 가장 좋은 장소는 바로 시장입

니다. 요즘은 시장보다 대형 마트를 더 선호합니다. 대형 마트는 시장보다 물건도 다양하고 날씨 영향도 안 받고 이동도 편하니까요. 하지만 마트에서는 사람 간의 소통이 없습니다.

최근에 대형 마트에 가서 모르는 사람과 대화를 세 마디 이상 나눈 적이 있으신가요? 시식하거나 결제할 때를 제외하고 우리는 대화할 기회가 없고 대화의 필요성도 느끼지 못합니다. 시장에 가면 "얼마예요, 이거 몇 개 주세요, (돈을 건네며) 여기요"라고 말하며 물건을 살 때마다 물건과 가격에 대한 정보를 주고받습니다. 그리고 아이와 함께 가면 할머니들, 할아버지들이 반가우셔서 말을 정말 많이 걸어주세요. "안녕, 몇 살이니? 뭐 필요해? 이거 줄까? 이거 좋아하는구나 그럼, 할머니가 이거 두 개 더 줄 테니 엄마랑 사이좋게 나눠 먹어, 고마워, 또 와! 잘 가"라고 말해주시며 상점마다 어르신들이 아이를 반겨주시니 저도 즐겁고 아이도 재밌어했습니다. 시장에서는 물건만 사고파는 것이 아니라 사람 냄새나는 정서도 느낄 수 있습니다.

　참고로 시장에 갈 때는 꼭 현금을 챙겨가세요. 요즘은 대부분 카드로 결제하므로 아이가 화폐를 알기 전에 카드부터 배웁니다. EBS 〈다큐프라임 자본주의〉에서는 일반적으로 현금을 쓰면 자신에게 있던 자산이 손실된다고 생각하기 때문에 뇌는 고통을 느끼지만, 카드를 쓰면 뇌에서 고통을 느끼는 중추신경이 마비된다고 합니다. 현금은 일방적으로 주는 것이지만 카드는 계산하고 다시 되돌려 받기 때문에 우리 뇌가 착각해서 손실로 여기지 않는다는 것입니다. 물질적으로 풍요로운 환경에 사는 아이들이 카드에 익숙해지면 경제 개념이 약해질 수 있습니다. 그래서 저는 시장에 갈 때는 항상 현금을 사용하고 시장이 아니더라도 아이와 함께 할 때는 되도록 현금을 쓰려고 합니다. 아이에게 현금을 주면서 직접 계산할 기회를 주면 자연스럽게 화폐의 개념과 돈의 단위도 알려줄 수 있습니다.

　시장이 아니라 마트에 가더라도 장 보러 가기 전에 아이와 구매할 물건 목록을 만들어 보세요. 아이가 눈에 보이는 모든 것을 다 사달라고 하지 않도록 집에서부터 장보기 계획을 세우고 마트에 가서 찾는 방법을 알려주고 "이쪽은 과일이 있는 곳이야. 생선은 저쪽에 모여 있네"라고 제품군에 따라 분류된 것을 설명해 주세요. 아이가 같은 성질을 가진 진열대를 흡수하고 분류하는 능력을 키울 수 있습니다.

　장보기는 범주어를 익히기에 정말 좋은 작업입니다. 집에서 손이나 집게로 사물의 개념을 분류하는 작업만 하기보다 일상에서 비슷한 유형을 경험하고 더불어 각각의 제품들을 세는 단위와 가격에 친숙해지면서 수의 개념도 키울 수 있습니다. 아이를 동반하는 것은 엄마가 혼자 움직이는 것보다 체력과 시간을 훨씬 많이 소비되기 때문에 큰 각오가 필요할 수도 있습니다. 매일 아니더라도 아이와 함께 세상으로 나가보세요. 가까운 우리 동네부터 함께 걸어볼까요?

② 코로나가 남긴 상처

"아이와 아이의 언어를 해석해 줄 사람이 필요하다. 자신을 도와줄 수 있는 누군가가 있다는 사실에 아이는 통역자에게 끌린다. 아이에게 발견의 길을 열어주는 고마운 존재이다. 아이의 마음속을 뚫고 들어가기 위해선 아이의 단어들을 통역하려는 노력이 필요하다. 통역자로서 엄청난 에너지를 쏟아야 하지만 그런 도움을 외면해서는 안 된다."

- 마리아 몬테소리 -

몬테소리에 관심 있는 엄마들에게 언어와 관련해서 궁금한 점을 설문조사 한 적이 있습니다. "아이의 발음이 정확하지 않아요. 아이가 또래보다 말이 느린 것 같아요. 아이가 앉아서 차분히 책을 읽지 못해요. 쓰기에 전혀 관심이 없어요." 이 답변들이 엄마들의 공통적인 걱정과 염려였습니다. 그때 제가 가진 가장 큰 고민과 같았기 때문에 엄마들의 마음에 공감을 많이 했습니다.

당시 저는 영어학원에서 초등 저학년을 대상으로 영어 발음을 지도하고 있었어요. 출산 전(코로나 전)과 출산 후(코로나 후)에 현장에서 느끼는 차이가 꽤 커서 제 마음도 시끄러운 상황이었습니다. 모국어인 한국어도, 외국어인 영어도 발음의 정확도가 많이 떨어졌고 아이들이 수업에 집중하기 힘들어하고 자기가 쓴 글씨를 알아보지 못하고 오히려 제게 물어보는 아이도 있었습니다.

대체 아이들에게 무슨 일이 있었던 걸까요? 우연히 한 뉴스 영상을 보고 "아!" 무릎을 쳤습니다. 코로나로 인해 우리 아이들의 언어 일상에 상처가 남아있었어요. 마스크를 쓰고 지낸 3년이라는 시간 동안 아이들은 상대방이 말할 때 입 모양을 정확히 볼 수 없었고 친구의 표정을 읽지 못했고 바깥 활동이 줄어 대근육을 발달시킬 수 있는 중요한 시기를 놓쳤습니다. 코로나로 인해 코로나 키즈들의 언어 발달 지연이 심해졌습니다. 아이들은 언어가 서툴기에 표현이 거칠어지고 다툼이 늘었습니다. 학습 능력이 떨어지며 자기 주도 습관이 무너지고 사회성도 부족해졌습니다.

그렇다면 우리가 가정에서 언어 발달 지연으로 어려움을 겪는 아이들을 어떻게 도울 수 있을까요? 『김수연의 아기 발달 백과』

에서는 아이가 말이 늦게 트이고 몸짓이나 단순한 언어로 자신을 표현할 때, 부모가 적극적으로 반응하며 상호작용하는 것이 중요하다고 했습니다.

"자~ 물 마셔." 단답형으로 말하기보다 "컵 손잡이를 잡고 천천히 마셔봐"라고 구체적인 단어와 표현으로 말해줍니다. 아이가 소리를 잘 분별할 수 있도록 목소리 톤을 높이고 아이를 배려해서 말의 속도는 천천히, 발음을 정확하게 말해줍니다. 아이가 말이 느리더라도 "빨리 좀 말해! 그래서 뭐라고? 아유, 답답해"라고 말하기보다 "엄마가 기다릴게. 천천히 말해도 돼"라고 아이가 느낄 긴장감과 스트레스를 줄여주세요.

마지막으로 아이 앞에서 아이에 대해 걱정하는 말을 하지 않습니다. "애가 말이 너무 느려서, 말이 언제 트일지 걱정이에요"와 같은 말은 아이의 자존감을 떨어뜨리고 말하는 것을 더 두려워하게 할 수 있습니다.

0~5세 언어 발달에서 핵심은 아이가 얼마나 자기 생각을 말로 잘 표현하는지가 아니라 상대방의 말을 얼마나 이해하는가에 있습니다. 책의 긴 문장을 외우거나 말을 잘하더라도 아이가 자기 말의 의미를 알지 못하면 의사소통이 되지 않습니다. 23개월까지는 얼마나 많은 어휘를 말할 줄 아는지가 아니라 얼마나 정확히 이해하고 있는지가 요점입니다. 아이가 일상에서 마주하는 사물

의 이름과 엄마가 말하는 간단한 말들을 알아듣고 있다면 크게 불안해하지 않아도 됩니다.

15~23개월의 언어 발달은 표현 능력이 아니라 이해하는 능력을 기준으로 평가합니다. 이 시기에는 부모의 목소리, 표정, 몸짓을 더 해 짧은 문장으로 말해주세요. 사물의 이름을 알고 나면 그 사물의 세부 이름도 함께 알려주세요. 자동차를 알고 있다면 자동차의 바퀴, 자동차의 문, 창문으로 어휘를 확장해 줍니다.

사물과 사람의 호칭 그리고 소유관계도 알려주세요. 앞에서 배운 3단계 명칭 교수법을 복습해 볼까요?

사물과 사람의 호칭 연결 + 소유격
예시) 엄마 신발은 어디 있어?

1단계 (소개하기) : 이 신발은 아빠 거야. 이 신발은 엄마 거야. 이 신발은 네 거야.

2단계 (객관식) : 엄마 신발은 어떤 거지? (아이가 손가락으로 가리킨다.)

3단계 (단답형/주관식) : 이것은 누구의 신발이지? (아이가 엄마라고 말로 대답한다.)

사물의 세부 이름 알려주기 작업의 예시를 들어보겠습니다. 저희 아이에게 얼굴(눈, 코, 입, 귀), 목, 어깨, 엉덩이, 팔과 다리, 손과 발처럼 신체 부위의 큰 덩어리를 먼저 알려준 후에 더 세부적으로 겨드랑이, 팔꿈치, 손목, 손바닥, 손등, 배꼽, 허벅지, 무릎, 종아리, 발목으로 확장했습니다. 눈에 보이는 신체 기관명을 다 인지한 후에는 뇌, 식도, 위, 작은창자, 큰창자, 이자, 척추 등 아주 세밀하게 접근했어요.

4살이 소화 기관까지 받아들이는 게 가능할까요? 저도 처음에는 의심했지만, 주입식으로 학습한 것이 아니었기 때문에 아이가 정말 빠르게 소화했습니다. 아이에게 '척추'를 설명해 줄 때는 잠들기 전에 아이와 신체접촉을 나누며 제 손가락으로 아이의 목부터 엉덩이까지 척추를 따라 뼈를 하나씩 마사지하듯이 눌러줬어요. "척추, 척추, 척추"하고 낱말을 덧붙이면서 마사지를 해줬더니 다음날 아이가 제가 해준 방법대로 제 척추를 꾹꾹 눌러주면서 "척추, 척추, 척추"라며 따라 했답니다. 애정을 담아 공부가 아닌 놀이처럼 접근하면 아이는 거부감 없이 금방 따라옵니다.

우리 몸의 뼈

학습이 이루어지는 과정과 특징에 따라 명시적 학습과 암묵적 학습으로 나뉩니다. 명시적 학습은 학습자의 의도적인 노력이 필요하지만, 암묵적 학습은 의도적 노력 없이 공부하고 있다는 인식을 하지 못하면서 지식을 습득할 수 있습니다. 유아에게 암묵적 학습을 통해 자연스럽게 정보를 모을 수 있는 환경을 조성해 주고 그렇게 모은 정보들을 조직하고 구조화할 기회만 제공한다면 아이들은 몹시 어려워 보이는 내용까지 흡수할 수 있습니다. 아이가 이미 알고 있는 지식에서 출발해 새로운 내용을 몸으로 느끼게 한 후 교구처럼 구체물로 정리해 주는 방법이 효과적입니다. 엄마가

이와 같은 단계별 접근법을 알고 적절한 교구를 골라서 알맞은 시기에 아이에게 제시해 주면 잔소리 없이 아이의 잠재력을 끌어내기 수월해집니다.

말을 잘하기 위해서는 턱관절과 구강 구조와 같은 신체 기관이 발달해야 합니다. 아이가 처음부터 엄마의 젖을 잘 빨았나요? 처음부터 이유식을 흘리지 않고 잘 먹었나요? 말하기 전에도 아이의 여러 운동 조정 능력을 향상해야 합니다. 입술과 혀의 움직임이 준비되어야 하고 말하면서 숨을 쉬고 동시에 침도 삼킬 수 있어야 합니다. 아이의 운동 발달이 더디다면 언어 발달에도 영향을 미칠 수 있습니다. 발음 기관의 단련을 위해 과자 매달아서 따먹기 놀이나 입술 근처에 초콜릿, 생크림을 묻히고 핥아먹기 같은 놀이를 시도해 보세요. 촛불 끄기, 비눗방울이나 호루라기 불기, 코끼리 나팔 불기, 리코더 연주하기도 호흡을 연습하는 좋은 작업입니다.

24~35개월에는 짧은 문장을 이해할 수 있기에 천천히 말해주세요. 이 시기에는 사물의 공통점과 차이점을 비교할 수 있습니다. 똑같다-안 똑같다, 많다-적다, 크다-작다, 길다-짧다, 두껍다-가늘다와 같은 사물의 속성과 관련된 어휘를 풍부하게 알려주세요. 몬테소리 감각교구를 통해 어휘력을 함께 발달시킬 수 있습니다.

두 사물의 단순 비교가 가능해지면 서열의 차이도 소개해 주세요. 감각 교구를 통해 '굵다-더 굵다-가장 굵다'처럼 원급, 비교급, 최상급 표현을 익히면서 추상적인 개념을 구체적인 경험으로 인지할 수 있습니다. 아이에게 말로만 크다, 작다고 설명하면 어렵게 느낄 수 있습니다. 감각 교구는 오감을 통해 눈에 보이지 않는 성질을 구체적으로 인식하는 데 도움이 됩니다. 감각교구와 언어와의 관계는 6장에서 더 자세히 다루겠습니다.

3

풍요로운 언어적 상호 작용

36개월이 지나면 엄마와 아이는 대화를 주고받을 수 있습니다. 이때는 아이의 생각과 감정을 말과 행동으로 정확히 표현할 수 있도록 도와주세요. 과거, 현재, 미래 시제를 사용하고 원인과 결과를 담아 일의 전개를 표현할 수 있습니다. 언어 이해력과 표현력이 우수한 아이는 이중 언어 습득도 가능한 시기입니다.

저는 아이의 언어 표현력이 폭발할 때 발표하기 놀이를 자주 했습니다. 어린이집에서 월요일마다 친구들 앞에 서서 3분 동안 '주말 이야기'를 나누는 시간이 있었고 일요일 밤에 마이크를 들고 "OO아~ 주말에 뭐 했니?"하고 리듬을 넣어 물어보면 "안녕하세요. 저는 OOO입니다. 저는 주말에 고모 생일이라서 할머니 집에 가서 생일 파티를 했어요. 딸기 케이크를 사 갔어요. 왜냐면 제가 딸기를 좋아해서요. 근데 고모 생일인데 제가 촛불을 다 꺼버렸어요. 너무 재밌었어요. 제 이야기를 들어주셔서 감사합니다"하고 아이가 발표했습니다. 물론 한 번에 이렇게 유창하게 말하진 못했습니다. 하지만 연습한 시간이 차곡차곡 쌓여서 어린이집에서 '가장 말을 재밌게 하는 친구'라는 별명을 얻었습니다.

마리아 몬테소리 여사는 아이의 언어 발달 첫 번째 폭발은 단어들의 폭발이고, 두 번째 폭발은 생각의 폭발이라고 했습니다. 아이가 자기 생각을 표현하기까지 엄청난 노력이 필요하고 자기 생각을 말로 표현하지 못하는 답답함이 분노와 흥분, 좌절로 나타날 수 있습니다. 아이들은 언어를 스펀지처럼 쉽게 흡수하지만 그 언어를 자유롭게 구사하는 것은 꽤 힘든 과정입니다. 아이가 말에 자신감이 생기고 자기 생각을 말로 계속 표현하고 싶은 욕구가 생기도록 환경을 만들어 주세요. 비록 아직은 서툴고 더듬으며 말로 전달하는 시간이 오래 걸리지만 아이는 내면에서 폭발하듯 터져 나오는 표현의 자유를 마음껏 누려야 합니다.

"아이들은 언제나 가만히 있지 못하며, 투정을 부리고 울어대고 끊임없이 군것질거리를 찾고 불안정하며 제자리를 잡지 못하는 존재가 아니다. 제자리를 되찾은 아이들은 사회에 책임감을 느끼고 심사숙고해서 자신의 움직임을 조정하며 정서적으로도 균형을 잃지 않는다."

- 마리아 몬테소리 -

아이들의 산만함과 시끄러움은 간혹 어른들의 신경을 거스르
게 합니다. 아이들은 침묵할 수는 없는 존재일까요? 아이가 침착
하고 인내하고 집중하고 신중해진 모습을 볼 수 있는 놀이가 바로
침묵 놀이입니다. 소리를 구분하고 그 소리를 말로 표현할 수 있
는 아이부터 가능합니다. 먼저 아이에게 눈을 감고 조용히 침묵할
수 있도록 분위기를 차분하게 만들어 주세요.

엄마 : 우리 침묵 놀이해 볼까?
(아이가 초대에 응한다면 이어서 말해준다.)
엄마 : 지금부터 엄마가 어떤 소리를 들려줄 거야. 그 소리가 뭔지
맞추는 놀이야. 그런데 소리를 잘 들으려면 어떻게 해야 할까?
아이 : 조용히 해야 해!
엄마 : 맞아, 잘 들으려면 조용히 하고 귀를 쫑긋 세워야겠지.

이렇게 놀이의 규칙을 설명하고 엄마가 미리 준비한 사물을 상
자 속에 넣어 보이지 않게 한 후 소리를 내거나 음원을 준비해서
들어줍니다. 저는 동물 소리와 일상에서 들을 수 있는 소리를 들
려줬어요. 가만히 앉아서 동물의 울음소리를 듣고 맞추기를 하거

나 또는 일상에서 나는 드라이기 소리, 지퍼를 여닫는 소리, 가위질 소리나 빗방울, 바람 소리처럼 자연의 소리 등을 들려줬습니다. 음원은 유튜브에 검색하면 다양하게 나와요. 저는 청각 장애인을 위한 유튜브 채널인 '사랑의 달팽이'에 있는 영상을 음원으로 활용했습니다.

사랑의 달팽이

먼 곳으로 가족여행을 떠날 때 차 안에서 주로 무엇을 하시나요? 심심하다고 보채는 아이에게 영상을 틀어주거나 끊임없이 먹을 것을 쥐여주고 있다면 끝말잇기를 추천합니다. 저는 차로 이동할 때 아이들과 눈에 보이는 것 말하기와 끝말잇기 또는 '그, 그, 그자로 시작하는 말' 찾기 놀이를 자주 합니다. 이동하면서 창밖으로 보이는 사물을 번갈아 가면서 말하기를 먼저 해 보세요. 창밖 풍경도 구경하고 풍경 속에 놓인 사물을 관찰하고 말로 끌어내면 아이들이 칭얼거리는 시간을 줄일 수 있습니다. 예를 들어 엄마가 먼저 "표지판"이라고 말하면 다음으로 아이가 "주유소", 다시 엄마가 "나무"라고 이어서 받고 아이가 "트럭"이라고 엄마의 말을 되받아칩니다. 그러다 보면 지루할 틈 없이 세상 구경도 하고 어휘력을 늘려갈 수 있습니다.

만약 단어의 끝소리와 같은 글자로 시작하는 단어를 말할 정도로 아이가 언어 발달해 있다면 "신발, 발자국, 국자 …"처럼 가족들이 돌아가면서 끝말을 이어가 보세요. 끝말잇기 작업으로 자기가 알고 있는 글자와 소리를 재인식하고 어휘력을 키울 수 있습니다. 글자를 읽을 수 있는 아이라면 실내에서 끝말잇기를 시각 작업으로 할 수 있습니다. 종이에 글자를 써서 작은 조각으로 자른 후 마구 섞어 놓고 각 조각의 단어 카드로 뱀을 만들면서 연결하면 눈으로 글자를 분별하는 능력을 기를 수 있습니다.

발표하기

▶ 활동의 소개와 목표

권장 월령 : 3세 이상

활동 목적 : 의사 표현 능력 기르기, 바르고 적절한 문장의 사용, 논리적 사고 능력 발달

준비물 : 마이크

▶ 활동 과정 및 시범

아이와 소통하기

① 초대하기

엄마 : (가족 구성원이 둘러앉아) 우리 오늘 어떤 일이 있었는지 말해보기 할까?

② 소개하고 관찰하기

엄마 : 오늘은 누가 먼저 할까? 엄마가 먼저 해볼까? (마이크를 들고 앞으로 나간다.) 오늘 엄마는 OO이를 유치원에 보내고 마트에 갔어. OO이가 좋아하는 수박이 할인해서 바로 사 왔지! 들고 오는데 아주 힘들었지만, 우리 OO이가 좋아할 모습을 생각하니까 기분이 정말 좋았어. 맛있게 먹어줘서 고마워. 이번에는 OO이가 해볼래?

아이에게 "너도 한번 말해봐!" 하면서 발표시키기보다 소재나 핵심 단어를 정해주세요. '오늘 가장 재미있었던 일, 가장 힘들었던 일, 새롭게 배운 것, 실수한 것, 가장 좋아하는 친구와 그 이유' 등의 주제를 정해주면 아이가 막연해하지 않도록 도울 수 있습니다.

▶ 정리 및 마무리, 평가하기

발표를 시작할 때와 끝낼 때 인사말을 붙일 수 있도록 지도해주세요. 예를 든다면 "안녕하세요. 저는 OOO입니다. 오늘 가장 재미있었던 일을 말해보겠습니다", "제 이야기를 들어주셔서 감사합니다"와 같은 말을 붙일 수 있습니다.

자기 이야기를 조리 있고 재미있게 말하는 것만큼 다른 사람이 발표할 때 어떤 태도로 듣는지도 중요합니다. 부모님이 먼저 바른 태도로 집중해서 이야기를 들어주는 모습을 보여주세요. 그리고 발표가 끝나면 박수로 아이를 격려해 주세요. 많은 실수를 통해 아이는 생각을 다듬고 표현 능력을 키워가는 과정이 필요합니다. 아이의 발표를 지적하거나 고쳐주려는 노력은 참아주세요. 발표하기 활동은 어린이집, 유치원 그리고 초등학교에 가서도 꾸준히 들어가는 교육 과정입니다. '주말에 있었던 일, 하루 동안에 일어난 일 말하기'에 익숙해진 아이는 학교에 들어가서도 발표 수업에 적응하기 수월합니다.

이야기 또는 지시나 동작 전달하기

▶ 활동의 소개와 목표

권장 월령 : 3세 이상

활동 목적 : 듣기 능력 발달, 집중력과 협동심 향상, 어휘력 증진

준비물 : 3명 이상의 인원, 언어 카드 (단어, 문장)

▶ 활동 과정 및 시범

아이와 소통하기

① 초대하기

엄마 : 우리 이야기 전달 놀이 해볼까?

② 소개하고 관찰하기

(아빠, 엄마, 아이 3명 또는 대가족이 두 팀으로 나눠서 진행한다.)

엄마 : 엄마가 귓속말로 한 말을 아빠에게 전해주는 거야. 식탁 위에 있는 귤을 가지고 오세요.

(아이가 아빠에게 같은 말을 전하고 아빠가 그 행동을 진행하는지 살펴본다.)

두 팀으로 나눠서 진행할 만큼 인원이 많으면 귓속말로 잘 전달한 팀에게 스티커를 붙여주고 스티커를 더 많이 받은 팀이 승리하는 규칙도 세워보세요.

▶ 정리 및 마무리, 평가하기

엄마 : 이야기 전달하기 놀이 재밌었어? 더 재밌는 이야기를 준비해서 다음에 또 해보자.

☆도움말 아이 언어 발달 수준에 맞게 한 단어를 전하거나 또는 문장 카드를 보고 전달해 보세요. 하루에 여러 문장을 하기보다 매일 한두 문장씩 하면서 스티커를 여러 개 모으면 아이에게 부담

을 주지 않고 꾸준히 반복할 수 있습니다.

침묵 놀이 & 소리 맞추기

▶ 활동의 소개와 목표

권장 월령 : 3세 이상

활동 목적 : 듣기 능력 발달, 읽기의 준비, 집중력 향상

준비물 : 여러 가지 소리의 음원

▶ 활동 과정 및 시범 (말하는 엄마도 아주 작게 속삭인다.)

아이와 소통하기

① 초대하기

엄마 : 오늘은 침묵놀이를 할 거야. 가만히 눈을 감고 모두 조용히 앉아보자.

② 소개하고 관찰하기

엄마 : 지금부터 엄마가 들려주는 소리를 잘 듣고 무슨 소리인지 카드를 골라서 들어볼 거야. (돼지 울음소리를 들려준다.) 이게 무슨 소리일까?

아이 : (아이가 여러 장의 카드에서 돼지를 고른다.) 돼지! 꿀꿀꿀.

엄마 : 고른 카드를 머리 위로 올려서 보여줄래? (소리와 일치하는 카드면 고개를 끄덕이고 일치하지 않은 카드면 고개를 저으며) 다시 한번 더 들어볼까?

아이 : 오리!

▶ 정리 및 마무리, 평가하기

엄마 : 조용히 침묵하면 많은 소리를 들을 수 있어. 앞으로 가만히 우리 주변에서 나는 소리를 잘 들어보자. 어? 지금 밖에서 무슨 소리가 들렸는데! 무슨 소리지? (구급차가 지나간다.)

> ✏️ **도움말** 아이가 많이 들어본 소리, 익숙한 소리로 준비해서 놀이의 규칙을 먼저 이해하도록 도와주세요. 그리고 아이가 스스로 소리를 만들어 보도록 유도해 주세요. 역할을 바꿔서 아이가 만든 소리를 부모님이 맞추면 아이는 더 흥미를 갖고 소리에 집중하고 앞으로 주변의 소리를 더 귀 기울여 들으려는 동기가 생길 수 있습니다. 의성어와 의태어를 많이 알고 있으면 나중에 더 풍성한 문장을 만드는 데 도움이 됩니다.

명칭 붙이기

▶ 활동의 소개와 목표

권장 월령 : 2.5세 이상

활동 목적 : 어휘력 증진, 관찰력 향상, 쓰기와 읽기의 준비

준비물 : 라벨지 16칸 또는 접착력있는 메모지

▶ 활동 과정 및 시범

아이와 소통하기

① 초대하기

엄마 : 오늘은 우리 집에 있는 물건들의 이름을 알아볼 거야. 같이 해볼까?

② 소개하고 관찰하기

엄마 : 엄마가 이 종이에 이름을 써서 불러주면 ○○이가 가서 이름표를 붙여주자. 준비됐어?

아이 : 응!

엄마 : (라벨지에 아이가 잘 알고 있는 물건의 이름을 쓰고 말하면서) 식탁.

아이 : (아이가 라벨지를 받아서 해당 사물에 붙이며) 식탁!

▶ 정리 및 마무리, 평가하기

엄마 : 우리 집 안에 있는 물건들의 이름을 잘 알아두자. 또 다음에는 어떤 물건에 이름을 붙여줄까? 이름표를 붙여주고 싶은 물건이 있으면 엄마에게 말해 줘.

> ✎ **도움말** '○○은 어디 있나? 여기! ○○은 어디 있나? 저기!' 노래와 연결 지어서 흥미를 유발해 주세요. 아이의 언어 발달 수준에 따라 더 어려운 어휘를 소개해 주세요. "오늘은 우리 가전제품에 이름을 붙일 거야"와 같이 같은 범주의 사물들끼리 분류하면서 명칭을 익히게 해 주세요. 앞에서 배운 음절 소리를 적용하며 사물의 이름이 몇 글자인지도 함께 적용해 보세요.

말귀가 밝은 아이

언어 발달에 가장 좋은 교구가 무엇일까요? 바로 책입니다. 교육에 관심 있는 엄마라면 절대 빼놓을 수 없는 것이 바로 '책 육아'이고 책 육아는 이 시대의 엄마들에게 숙명과도 같습니다. 저도 아이가 어릴 때부터 책을 가까이하도록 신경 썼습니다. 제가 몬테소리를 만나기 전부터 저만의 육아 처방으로 삼은 세 가지가 있습니다. 그 세 가지는 책, 자연 그리고 대화입니다.

저는 이렇게 글을 쓰기 전까지 정말 많은 책을 읽었는데 처음부터 독서를 즐겼던 사람은 아니었습니다. 출산하고 산후 우울증 증상이 있었고 남편이 조심스레 전문가의 상담을 받을 것을 권한 적이 있습니다. 인터넷으로 심리상담 센터를 검색해 보고 전화로 간단한 문의도 했습니다. 전문가를 만나 상담을 받는 것은 비용이 꽤 많이 들었고 그 당시 사경(서울대학병원 의학 정보에 의하면 선천성 근육성 사경은 신생아나 유아에서 흉쇄유돌근이 두꺼워지거나 길이가 짧아져 머리가 한쪽으로 기우는 자세가 나타나는 질환)으로 재활치료를 다니던 아이를 마음 편히 다른 사람에게 맡길 자신도 없었습니다. '시간이 지나면 괜찮아지겠지!'하며 그럭저럭 버텼습니다.

우연히 도서관에서 만난 『엄마 리딩』이라는 책에서 '마음이 아플 때마다 상담자를 찾아 치료해 달라고 할 수 없다. 비용도 문제지만 엄마들은 자기 내면보다 오늘 저녁에 뭐 해서 먹을지가 더 큰 걱정이다. 책은 상담자였고 약을 처방해 주는 약사였다. 충고하지도 않았고 함부로 판단하며 나무라지 않았다'라는 문장을 읽고 나니 딱딱하게 굳어 있던 제 마음이 녹아내렸고 그렇게 책과 마주하기 시작하면서 아무렇게나 휩쓸리던 제 마음에 조금씩 평온함이 찾아왔습니다. 그렇게 독서는 제게 꽤 든든한 상담사가 되어주었습니다.

우리 동네 도서관 출입문에는 '지금의 나를 있게 한 것은 우리 마을의 작은 도서관이고, 하버드 졸업장보다 중요한 것은 독서하는 습관이다'라는 빌 게이츠의 명언이 붙어있습니다. 우리 마을 작은 도서관 덕분에 저도 빌 게이츠만큼은 아니지만 과거보다 꽤 괜찮은 엄마가 되었습니다.

제게 책 육아는 그저 아이를 똑똑하게 키우고 싶은 엄마의 욕심이 아닙니다. 『결과가 증명하는 20년 책 육아의 기적』을 쓴 서안정 작가님의 말씀대로 책을 많이 읽는다고 모든 사람이 다 전문가가 되거나 창의력이 뛰어나거나 인성이 훌륭한 것은 아니지만 책이 이 세 가지를 이끌어 주는 좋은 수단이라는 것은 부정할 수 없습니다. 책은 최소의 비용으로 최대의 효과를 거둘 수 있는 육아 도우미이고 언어 발달에도 핵심이 될 수 있는 무기입니다. 몬테소리 교육에서도 아이의 언어 발달을 위해 유아의 수준에 맞고 흥미를 유발할 수 있는 책을 준비하는 것을 강조합니다. 그럼 어떤 책을 읽어주어야 할까요? 세상에 나쁜 책은 없지만 아이 발달 시기마다 흥미를 유발하는 적정 수준의 책은 따로 있습니다.

몬테소리는 현실감과 실재감을 중요하게 생각합니다. 어린아이일수록 실물 그림이 많은 책, 현실에 뿌리내린 그림책을 보여줄 것을 권합니다. 아이를 둘러싼 환경과 가장 흡사한 그림이 담긴 책을 통해 아이는 진짜 세상을 더 정확하고 구체적으로 인지할 수 있습니다.

아이 눈높이에 맞는 주제로 골라주세요. 일상생활에 관심이 있다면 옷 입기, 손 씻기, 배변 연습과 같은 생활 습관을 다루는 책이나 가족, 색깔, 숫자, 계절과 같은 아이가 관심 두는 주제어를 다룬 책을 준비해 주세요.

어릴수록 단어의 양이 적고 그림이 단순한 것으로, 클수록 단어의 양이 많아지고 그림의 복잡성이 높아지는 것으로 난이도를 올려주세요.

다양성을 반영한 책도 추천합니다. 다양한 가족의 형태, 나라, 문화, 인종, 관습, 신념을 담고 있는 책을 골고루 읽어주세요.

저는 책을 고를 때 '그림책 박물관'이라는 사이트에서 아이가 좋아하는 주제어로 검색해서 검색된 책 중 아이 연령에 맞는 책을 우선으로 목록을 만들고 도서관에 있는지 찾아보고 2주 동안 아이가 반복적으로 즐겨 읽는 책을 계속 빌리거나 구매했습니다. 아이의 취향을 찾기 위해 시행착오가 필요합니다. 엄마는 우리 아이 기호에 맞는 먹잇감을 물어다 주는 사냥꾼이 되어야 합니다.

아이가 집중해서 책 한 권을 처음부터 끝까지 다 읽는 것을 기대하지 마세요. 이 책을 꺼냈다가 저 책을 꺼냈다가 하는 아이를 보고 '산만하다, 집중력이 약하다, 변덕이 심하다'라는 우려를 할 수 있지만 아이는 자기의 취향을 찾고 있는 걸 수도 있습니다. 표지를 봤을 때는 재밌을 줄 알았는데 막상 펼쳐보니 기대 이하였거나 읽다 보니 더 재밌어 보이는 책을 발견했을 수도 있습니다. 아이가 책을 가까이 둔다는 것만으로도 기특하게 여기고 아이가 다양한 책을 탐색하면서 자기의 기호를 파악할 충분한 시간을 주세요.

그리고 책을 읽어줄 때는 아이와 마주 앉아 천천히 읽어주세요. 엄마와 아이가 같은 방향에 앉아 책을 보면 아이의 표정을 읽기가 어렵습니다. 더불어 엄마 혼자서 진도가 나간다는 생각으로 책을 읽으면 아이가 생각할 틈이 없어집니다. 한 장 한 장 살펴보면서 느긋하게 그림과 이야기를 느낄 수 있도록 속도를 맞춰주세요.

책을 대화의 소재로 삼아 읽는 중에나 읽고 나서 생각을 주고받으며 서로의 의견을 존중해 주세요. 등장인물의 옳고 그름을 판단하거나 독서 후에 어떤 교훈을 얻었는지 애써 확인할 필요는 없습니다. 아이의 머릿속이 아니라 마음에 남는 책 읽기가 되어야 합니다.

아이의 책 읽기 습관은 한숨에 생기지 않습니다. 긴 호흡을 가지고 아이의 즐거움이 고리를 이어갈 수 있도록 엄마가 도와주세요. 우리 아이가 책을 맛있게 읽을 수 있도록 엄마만의 레시피를 개발해 보세요.

마리아 몬테소리는 비가 올 때는 아이들이 밖에서 뛰어놀게 하라고 했습니다. 물웅덩이를 발견하면 신발을 벗고 놀게 하고 풀밭에 이슬이 촉촉하면 맨발로 마음껏 뛰고 밟게 했습니다. 나무 그늘에서 평화롭게 쉬게 하고 아침이 되어 태양이 아이들을 깨우면 소리치고 마음껏 웃게 하라고 했습니다. 나쁜 날씨란 없으며 날씨에 맞는 옷차림을 하면 된다고 할 정도로 그녀는 야외 작업과 자연의 중요성을 강조했습니다.

자연을 가만히 들여다보면 우리 삶에 필요한 모든 것이 다 담겨 있습니다. 색깔, 크기, 냄새, 촉감, 소리, 생명 등 하나도 버릴 것이 없는 세상에서 제일 좋은 책입니다. 자연은 우리의 마음을 평온하게 진정시켜 주고 말로 설명하지 못하는 아름다움을 줍니다.

아이들은 어른이 가르쳐 주지 않아도 나뭇가지를 줍고 돌멩이를 쌓고 흙을 휘저어도 보고 잔디밭에 털썩 누워보기도 합니다. 바람에 흔들리는 나뭇잎 소리를 들으며 시원하다고 말합니다. 겁도 없이 사마귀에 손가락을 뻗고 바다에 가면 물이 차가운 줄도 모르고 달려듭니다. 산에 오르면 얼마나 높은 줄도 모르고 무작정 달려 올라가고 바닥에 떨어진 솔방울과 도토리를 잔뜩 모아봅니다. 아이들의 타고난 호기심을 사로잡기에 자연보다 더 좋은 곳이 있을지 생각해 보세요.

『과학개념을 익히는 몬테소리 자연 놀이』에서는 나뭇잎 하나, 돌멩이 하나로도 과학의 원리를 배울 수 있는 작업을 소개하고 있습니다.

자연을 찾아 멀리 다닐 필요는 없습니다. 아이가 어린이집을 다닌 후로 컨디션이 허락하는 한, 하원 후 1시간씩 산책을 다녔습니다. 아이는 작은 동네를 누비며 눈으로 손으로 귀로 온몸으로 세상을 배우는 것 같았습니다. 길모퉁이에 핀 이름 모를 꽃 앞에 쪼그리고 앉아서 한참을 바라보았고 과자 부스러기를 들고 어디론가 분주히 가는 개미들을 따라갔습니다. 길가에 아무렇게나 굴러다니는 작은 돌을 하나씩 주워 "엄마 선물이야"하며 건네주기도 했습니다. 어른의 눈에는 띄지도 않는 하찮고 당연한 모든 자연이 아이에게는 보물처럼 보입니다. 전 요즘도 비가 오는 날에는 아이와 장화를 신고 물웅덩이를 찾아다닙니다. 실컷 웅덩이에서 첨벙거린 후에 아이는 엄마를 올려다보며 만족스럽다는 듯이 한껏 웃어봅니다. 물웅덩이 하나로도 행복해지는 순수한 얼굴로요.

마리아 몬테소리는 만일 아이가 꽃의 각 부분과 잎의 종류, 줄기가 성장하는 방향에 대해 알게 된다면 소유욕도 없어지고 꽃을 찢는 일도 사라질 것이라고 말했습니다. 대신 아이의 지적 관심과 더불어 곤충의 생명과 기능에도 흥미가 있다면 아이의 관심은 여전히 나비에게 가 있겠지만 소유나 파괴가 아니라 관찰로 모일 것이라고 설명했습니다.

이를 지적인 소유라고 부릅니다. 그녀는 아이가 소유를 사랑으로 승화시키면 사물이나 생명체를 소중히 하려는 마음을 갖게 되고 보호하며 관찰하고 싶어지고 그 충동 안에서 호기심이 생기고 결국에는 배움으로 이어진다는 메시지를 우리에게 남겼습니다.

지적인 소유를 가진 아이는 생명과 환경 그리고 지구를 아끼게 됩니다. 이것이 바로 몬테소리 문화 교육이 우리에게 전하고자 하는 가르침입니다. 자연이 가르쳐주는 교훈을 우리 아이들에게 잘 전해주는 것이 어른의 역할이라는 생각이 듭니다. 자연을 어떤 마음으로 바라보고 관찰해야 하는지 아이와 함께 관심을 기울여 보세요.

책도 자연도 아이들에게 정말 좋은 배움의 도구이지만 그 안에 대화가 빠지면 무슨 소용일까요? 책과 자연은 대화의 재료일 뿐입니다. 아이가 책을 좋아하고 많이 읽는 데서 그치지 않고 책을 통해 타인과 생각을 나눌 수 있어야 합니다. 자기 생각을 논리적으로 표현하고 남이 하는 말의 뜻을 잘 알아듣기 위해서는 어릴 때부터 연습이 필요합니다. 말귀에 밝은 아이는 콩떡같이 말해도 찰떡같이 알아먹고 말 눈치가 있는 아이들은 사회성도 좋습니다.

책과 자연을 소재로 엄마와 아이가 느낀 감정과 생각을 대화로 나누는 것이 바로 육아의 정점이라고 생각합니다. 삐거덕거리는 십 대가 되어도 엄마에게 등 돌리지 않고 재잘재잘 지저귀는 아들과 딸이 되길 바라는 마음으로 아이와 감정과 정서를 나누는 일을 소홀히 하지 마세요. 성인이 돼서 "엄마~ 이 책 진짜 재밌어, 한번 읽어봐. 엄마~ 거기 진짜 좋데, 같이 가자!"라는 말을 듣는 것이 제가 엄마로서 바라는 가장 큰 소망입니다.

한글 소개하기

1. 상형의 원리

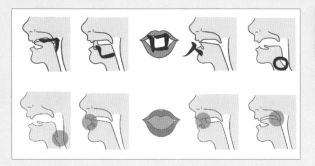

한글과 디지털

2. 가획의 원리 : 자음 14개 + 쌍자음 5개 = 자음 19개

기본 글자	ㄱ ㄴ ㅁ ㅅ ㅇ
가획 원리	ㅋ ㄷ ㅂ ㅈ ㅎ
	ㅌ ㅍ ㅊ
	ㄹ

기본 글자	ㄱ ㄷ ㅂ ㅅ ㅈ
가획 원리	ㄲ ㄸ ㅃ ㅆ ㅉ

3. 초성 – 중성 – 종성의 원리

한글의 음절 구조

① 모음으로 구성된 글자 : 아이

② 자음과 모음으로 구성된 글자 : 나무

③ 모음과 자음(받침)으로 구성된 글자 : 얼음

④ 자음, 모음과 자음(받침)으로 구성된 글자 : 한글

말할 줄 아는 사람이라면 누구나 배울 수 있는 글자인 한글은 조선의 네 번째 왕이었던 세종대왕이 창제했습니다. 한글을 만들기 전에는 중국에서 한자를 빌려와서 사용했고 일반 백성들은 한자가 어려워서 읽거나 쓸 수가 없었습니다. 글을 알지 못해 억울한 일을 당하는 백성들을 안타깝게 여겨 누구나 배우기 쉬운 글자를 만들었고 이 글자를 소개하는 책이 바로 《훈민정음》입니다. 훈민정음은 '백성을 가르치는 바른 소리'라는 뜻입니다. 훈민정음의 창제로 모든 사람이 글자를 쉽게 익힐 수 있었습니다. 예조판서 정인지(1396~1478)는 한글을 '지혜로운 사람은 아침나절이 되기 전에, 어리석은 사람도 열흘이면 배울 수 있는 쉬운 문자'라고 언급했습니다.

한글은 다양한 말소리를 자음 19자와 모음 21자로 적을 수 있습니다. 한글은 상형의 원리, 가획의 원리, 초성-중성-종성의 원리로 만들어진 과학적이고 우수한 글자입니다. 한글은 소리 내는 발음 기관의 모양으로 자음을, 하늘(천 •), 땅(지 ㅡ), 사람(인 ㅣ)의 모양을 본떠서 모음을 만든 상형 글자입니다. ㄱ(기역)으로 ㅋ(키

읔)을 만들 듯이 자음의 기본 5자 ㄱ, ㄴ, ㅁ, ㅅ, ㅇ에 획을 더해 다른 글자를 만들 수 있는 가획의 원리가 담겨 있습니다. '글'이라는 글자를 분리하면 ㄱ 초성, ㅡ 중성, ㄹ 종성으로 구성되어 첫소리와 중간 소리, 끝소리로 나뉩니다.

　한글은 자음과 모음을 붙여서 하나의 글자를 만들고 자음과 모음 뒤에 오는 자음을 '받침'이라고 합니다. 한글은 영어처럼 글자를 한 자씩 옆으로 이어 쓰지 않습니다. 어른에게는 너무 당연한 내용이지만 글자를 처음 접하는 아이에게는 외국인에게 한글을 알려주듯이 차근차근 친절하게 설명해 주세요.

　한글이 만들어진 원리를 바탕으로 4장에서 아이에게 글자를 알려줍니다. 엄마가 미리 관심을 두고 알아두면 좋겠죠? 아이와 본격적으로 글자를 익히기 전에 우리말 한글이 어떻게 만들어졌는지 이야기를 들려주세요. 아이의 배경지식도 넓히고 글자에 더 흥미를 느낄 수 있습니다.

　'그림책 박물관 사이트'에서 오른쪽 상단 검색란에서 '한글, 훈민정음, 세종대왕'이라는 각각의 주제어 입력해서 관련 그림책을 찾아보실 수 있어요.

그림책 박물관

제4장

쓰기

자기 생각을 글로 쓰는 아이

"인도 시골의 부모는 아마 문맹일 것이다. 그것이 어쩌면 아이에게 더 좋은 조건일 수 있다. 글을 쓰지 못하는 부모를 둔 아이가 처음으로 글을 쓸 때, 부모의 경탄은 아이의 마음을 최고조로 띄워준다. 반면 부잣집 부모들은 아마 이렇게 말할 것이다. '아! 좋아! 그런데 학교에서 미술은 가르치지 않니?' 아이는 갑자기 마음이 굳어지는 것을 느끼며 흥미를 잃는다."

- 마리아 몬테소리 -

① 엄마, 이거 무슨 말이야?

저희 아이는 30개월 근처에 글자와 표지판에 흥미를 느꼈습니다. 모양자에 손가락을 넣고 도형을 따라 그리거나 주차장 전광판에 홈이 파진 부분에 손가락을 올리고 B1, B2, B3을 따라 그렸습니다. 도서관에 가서 글자만 있는 책을 꺼내더니 표지의 그림만 보고 자기 마음대로 읽는 흉내를 내기도 했습니다. 과자를 먹고 남은 껍질 뒷면에 영양 정보 설명을 가리키며 "엄마 이게 무슨 말이야? 뭐라고 쓰여 있어?"라고 물어봤습니다. 아이는 글자라는 것에 어떤 의미가 담겨있다는 것을 이해한 것 같았습니다. 그전까지는 글자를 드러내 보이면서 직접적으로 가르치거나 설명한 적은 없었는데 이제는 조금씩 알려줘도 되겠다는 판단이 섰습니다.

글자에 관심이 집중되기 전에 특히 간판이나 표지판에 민감성을 보이는 아이들이 있습니다. 저희 아이도 표지판에 들어있는 부호나 문자가 어떠한 뜻을 나타내고 있는지 계속 궁금해했고 일상에서 만나는 모든 표지판의 의미를 알고 싶어 했습니다. 그때 저는 주변에 그렇게 많은 표지판이 존재한다는 것에 새삼 놀랐습니다.

저는 바로 표지판과 관련된 책을 수집하기 시작했습니다. 부호, 문자, 사인, 신호, 마크와 같은 기호들이 가진 의미를 알고 싶어하는 욕구가 글자에 대한 호기심의 시작일 수 있습니다. 저희 아이는 쓰치야 후지오 작가의 『요괴 표지판』이라는 책을 좋아했습니다. 약 80쪽가량의 글이 많은 책이지만 엄마가 아이 수준에 맞게 재밌게 읽어주면 4살도 충분히 즐길 수 있는 책입니다. 책에 포함된 표지판 포스터도 좋아했습니다. 다양한 표지판이 담긴 포스터를 벽에 붙여두고 아이의 호기심을 자극해 주세요.

2장에서 한글 교육의 시작 시점에 대해 언급했습니다. 뇌가 충분히 발달하기 전에 글자 교육을 시작하는 것에 대한 우려가 있습니다. 문자를 일찍 가르치는 것이 꼭 좋은 것일까요? 신체적 발달 정도와 글자에 호기심을 보이는 시기는 아이마다 다르지만, 문자 습득을 시작하기 가장 어린 나이는 만 3세입니다. 물론 상위 5퍼센트에 해당하는 영재라면 예외일 수도 있습니다. 문자를 너무 이른 시기에 가르치게 되면 문자를 읽을 수는 있지만 글에 담긴 의미를 파악하지 못하게 되는 부작용도 있습니다. 글을 읽는 능력은 있지만 내용을 이해하지 못하는 난독 현상이 나타날 수 있습니다. 언어를 시각적인 기호인 문자로 학습하기 전에 우리 아이에게 사전에 발달하여야 하는 기능이 있습니다.

아이가 글을 쓰고 읽고 내용을 이해하기 위해 어떤 사전 준비가 필요할까요?『오이스터 영어 교육법』에서는 아이들은 보통 초등학교에 입학할 때 음성으로 알고 있는 모국어 단어의 수가 3,000~5,000개라고 설명합니다. 음성언어로 알고 있는 어휘가 많은 상태에서 문자를 학습하는 것이 좋습니다. 앞에서 소개한 일상에서 습득한 어휘가 얼마나 되는지가 중요합니다. 소리로 익힌 단어들이 많으면 그 소리와 글자를 일대일로 연결하는 작업이 수월해지기 때문입니다.

아이가 일상에서 인쇄물을 많이 접할 수 있으면 좋습니다. 부모가 인쇄물들을 많이 읽거나 글을 쓰는 모습을 얼마나 보여주었는지에 따라 아이마다 읽고 쓰고 싶은 동기에 차이가 생깁니다. "나도 엄마처럼 책 읽을래! 나도 엄마처럼 써볼래!"라며 인쇄물을 다루고 싶어 하는 모방의 욕구가 아이에게 있어야 합니다. 책장에 책을 가득 채워두고 "책 좀 읽어~"하고 아이에게 맡겨놓진 않았나요? 가정에서 부모님이 아이에게 책을 많이 읽어주는 것만큼 어른이 직접 책 읽는 모습을 보여주는 것도 아이의 문해력을 키우는 배경이 됩니다.

몬테소리 작업은 항상 왼쪽에서 오른쪽으로 흐릅니다. 읽기를 간접적으로 준비하는 것입니다. 글자를 왼쪽에서 오른쪽으로 읽는 것에 익숙해지려고 일부러 모든 작업의 방향을 좌에서 우로 진행합니다. 아이가 책을 올바르게 들고 책장을 글의 흐름의 방향과 맞게 잘 넘긴다면 인쇄물을 다루는 개념이 생긴 것입니다. 글자 학습 전에 아이가 인쇄물을 올바르게 다룰 줄 아는지 확인해 보세요.

3장에서 발표하기 작업을 소개했듯이 아이가 사건의 순서, 원인과 결과 등에 따라 이야기를 할 수 있는 능력이 있다면 한글 교육을 시작해도 좋습니다. 글이 없는 그림책을 보고 이야기를 만들어 내거나 사진 속 상황을 다른 사람들에게 길게 설명할 수 있다면 서술할 수 있는 능력이 갖춰진 것으로 볼 수 있습니다. 이야기를 묘사하고 기술할 수 있다면 글자를 따라가며 책의 내용도 이해할 수 있습니다.

아이가 이름처럼 자신에게 의미 있는 글자 속에 담긴 정보를 궁금해하고 글자를 소리로 분석할 수 있는지도 살펴보세요. "내 이름에 김이 들어가는데, 이 친구 이름에도 김이 있네? 엄마! 수박에도 수! 소리가 나는데 박수에도 수! 소리가 있어.” 이렇게 자기가 모은 음성언어들의 소리를 분류하고 공통점이나 차이점을 찾기 시작한다면 아이에게 한글을 알려주기 적절한 시기입니다.

- 음성언어로 알고 있는 어휘가 많을 때
- 인쇄물에 대한 동기가 있고 인쇄물을 올바르게 다룰 줄 알 때
- 이야기의 순서, 원인과 결과 등을 이해하고 서술할 수 있는 능력이 갖춰질 때
- 각각의 글자가 가진 소릿값을 분류하고 공통점이나 차이점을 찾을 때

나도 써볼래!

"아이의 지능은 손을 사용하지 않을 경우에도 어느 선까지 이를 것이지만 손을 사용하는 경우에는 그보다 훨씬 더 높은 수준에 이를 것이고 손을 이용한 아이가 보다 강한 성격을 키우게 된다."

- 마리아 몬테소리 -

2장과 3장에서 언급했듯이 아이들은 충분한 준비의 시간을 가져야 글자를 쓰고 읽을 수 있습니다. 아이는 출생 후에 연령이 증가하면서 다양한 손의 기술이 필요합니다. 다양한 크기와 무게, 질감을 손으로 느끼면서 사물의 크기에 맞게 손의 모양을 바꾸고 악력을 조절하기도 합니다. 『아동 작업치료』라는 책을 참고하면 손기술의 발달 과정은 뻗기 → 옮기기 → 잡기 → 놓기 → 손안에서 사물을 다양하게 조작하기(뚜껑 돌리기) → 양손 사용하기(종이 자르기) → 공 던지기 → 도구의 사용 → 선호하는 손의 발달(오른손잡이/ 왼손잡이)로 진행됩니다. 몬테소리 교육에서도 작업을 통해 아이들이 손을 많이 이용하도록 합니다. 손은 인간에게 주어진 보물이고 아이들에게 손을 사용할 기회를 많이 얻도록 하는 것을 권장합니다.

아이에 따라 4살에 쓰기를 준비하는 아이도 있고 6살까지 쓰기 준비를 하지 않는 아이도 있습니다. 쓰기를 준비하지 않고 바로 글씨 쓰기를 배우게 되면 아이는 쉽게 좌절하거나 올바르지 않은 쓰기 습관이 생길 수도 있습니다. 아이에게는 손의 조작하는 기술과 더불어 쓰기를 위한 몇 가지 기술이 더 필요합니다.

- 글자의 모양과 형태, 방향을 보고 지각할 수 있는 능력이 있는가?
- 필기도구를 잡고 이동시킬 수 있는 충분한 운동 조절 능력이 있는가?
- 쓰기를 위해 필요한 동작을 계획할 능력이 있는가?
- 글자의 패턴을 학습하고 그 형태를 기억하는 능력이 있는가?

예를 들어 'ㅏ'의 방향이 달라지면 'ㅗ'가 됩니다. 아이는 이 글자의 모양과 형태, 방향을 지각할 수 있어야 의미에 맞게 글자를 사용할 수 있습니다. 필기도구를 잡고 글을 쓸 수 있을 만큼 손에 힘이 있는지도 중요합니다. 아이가 필기도구를 힘 있게 잡고 진하게 글자를 쓸 수 있는 충분한 악력이 있어야 합니다. 필기도구를 이동시키면서 획을 연결할 수 있는 조절력도 필요합니다.

글을 쓰면서 어떻게 쓸지 계획하는 능력은 왜 필요할까요? '강아지'라는 글을 쓸 때 '강' 다음에 '아'와 '지'를 쓰는 동작을 미리 계획할 능력이 있으면 아이는 글자와 글자의 간격을 고려하면서 필기합니다. 제한된 크기의 종이 위에 '강'을 쓴 후에 '아'를 멀리 떨어트려서 쓰면 남은 글자 '지'를 쓸 여백이 부족해서 '강아지'라는 글자를 한 공간에 다 담을 수가 없습니다. 글자를 보고 종이에 옮겨 적을 때 순간적으로 그 단어의 형태를 눈으로 찍어내고 기억할 능력이 있다면 칠판을 한 번 보고 노트에 옮길 때 빠르고 정확하게 쓸 수 있습니다. 이렇게 일시적으로 저장하는 기억력(워킹 메모리)이 약하다면 자주 고개를 움직이면서 글을 옮겨 적는 현상이 생깁니다.

아직 우리 아이에게 쓰기를 위한 기술을 연습할 시간이 더 필요하다면 앞으로 소개하는 작업을 준비해 주세요. 종이에 끼적이기 작업은 아이의 나이에 따라 종이의 크기를 다르게 해주어야 합니다. 어릴수록 전지처럼 넓은 영역에 끼적일 수 있도록 해주고 차츰 전지의 절반 크기, 스케치북, A4용지, 종합장, 메모지와 같이

연령	작업
10-12개월	종이에 낙서하기 (전지만큼 넓은 범위의 종이)
24개월 이상	수직선, 수평선, 곡선, 원형을 손으로 따라 그리며 느끼기
3세 이상	수직선, 수평선, 곡선, 원형을 필기도구로 종이에 따라 그리기
4세 이상	십자가형(＋), 네모(□), 대각선 (／,＼), 숫자, 약간의 글자(ㄱ, ㄴ, ㄷ) 따라 쓰기
5세 이상	삼각형(△)과 자기 이름 쓰기

종이의 면적을 좁혀갑니다. 마구 그어보고 휘저어 보면서 아이가 필기도구를 잡는 연습을 할 수 있고 제한된 종이의 범위 안에서만 작업하는 조절 능력을 키워 주세요.

한쪽 벽면을 끼적이기 영역으로 정해주거나 책상에 비닐 매트를 깔아주시면 혹시 색연필 자국이 종이에서 넘어가더라도 엄마의 마음이 크게 흔들리지 않습니다. 뒷정리가 힘들어지면 엄마도 지속하기가 힘들어지니까 아이와 함께 제한된 구역이나 꼭 지켜야 할 규칙을 세워보세요.

글씨 쓰기 준비에 대표적인 작업은 '선 긋기'입니다. 하지만 24개월 정도의 어린아이들은 크레파스를 잡고 반듯한 선을 긋기가 어렵습니다. 선을 직접 긋기 전에 선과 친해지는 것이 중요합니다. 아래 대화를 참고해서 아이와 선을 느껴보세요.

엄마 : 위에서 아래로 반듯하게 내려오는 선을 수직선이라고 해.(식탁 다리를 손으로 쓸어내리면서) 엄마 손을 잡고 위에서 아래로 쭉 내려 볼까? 수직선은 느낌이 어때?

아이 : 수직선은 위에서 아래로 내려오는 비 같아요. 반듯해요. 숫자 1이랑 비슷해요. 키가 큰 느낌이에요. 나무처럼 큰 가지가 쭉 뻗은 것 같아요.

엄마 : 우리 집에 수직선이 어디 있을까? 놀이터에도 수직선이 있나?

모래 숫자판 활용 영상   모래 숫자판 도안

엄마와 함께 수직선을 탐색하고 어떤 인상을 받았는지 이야기해 보세요. 필기도구를 잡고 선을 긋기 전에 손으로 다양한 선을 느끼면 감각을 키우는 데 도움이 됩니다. 수직선, 수평선, 곡선, 원형, 대각선 그리고 다른 도형의 선도 자주 느껴볼 수 있도록 해주세요. 숫자의 경우는 1 → 10 → 7 → 2 → 3 → 6 → 4 → 5 → 8 → 9 순서로 단순한 획수에서 여러 획수로 난이도를 조절해 주세요.

이제 아이가 선과 친해졌다면 눈과 손의 협응력이 발달할 수 있도록 다양한 선을 연필을 잡고 느끼고 그어볼 수 있는 환경을 준비하세요. 연필을 세 손가락으로 잡고 선을 그을 줄 알아야 글자를 반듯하게 쓸 수 있습니다. 하지만 아이는 연필을 처음부터 올바르게 잡지 못합니다. 아이가 필기구를 사용할 때 아이의 손 모양을 잘 관찰해 주세요. 처음에는 짧고 굵은 도구를 사용해 주세요.

필기구를 잘 잡기 위해 세 손가락을 사용하는 작업을 병행해 주면 좋습니다. 작은 물체를 세 손가락으로 집어 올리거나 옮기기, 자물쇠 여닫기, 나사 돌리기, 물 묻은 스펀지 짜기, 스티커 떼고 붙이기 그리고 꼭지가 달린 퍼즐과 꼭지원기둥과 같은 교구도 활용해 주세요. 손기술 발달 정도에 따라 가늘고 긴 도구로 진행하면서 아이가 세 손가락으로 안정적으로 연필을 잡을 수 있도록 유도해 주세요. 더 성숙한 연필 잡기 패턴을 보일수록 글쓰기를 잘하는 아이가 됩니다.

선긋기 관련 활동   핀터레스트 선 긋기

인터넷에 '선 긋기'라고 검색하면 다양하게 활용할 수 있는 무료 자료들이 많이 나옵니다. 저는 핀터레스트Pinterest라는 곳을 자주 애용합니다. 저희 아이처럼 자동차를 좋아한다면 자동차가 담긴 자료를 활용하면 선 긋기에 더 관심을 갖고 집중하기도 합니다. 아이가 좋아하는 주제를 꼭 담아보세요. 또 점선을 따라 선을 잇는 점 잇기 책, 미로 찾기 놀이책도 좋은 자료입니다.

연필 잡기의 과정 10단계

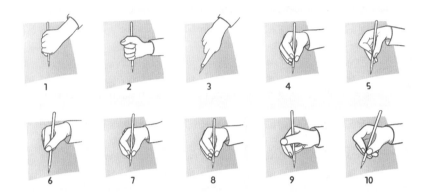

　수직선, 수평선, 곡선과 원형, 대각선 등 낱개의 선에 익숙해지면 각각의 선을 연결해서 특정 모양을 만들 수 있습니다. 모양자와 클립보드를 활용해서 도형의 선을 따라 그려보세요. 모양자가 움직이면 아이는 좌절하고 실패하면서 짜증 낼 수 있습니다. 클립보드에 모양자를 고정시켜서 아이가 도형의 선을 긋는데 집중할 수 있도록 배려해 주세요. 모양자를 따라 그린 후 종이에 남은 도형에 상상력을 더해서 놀이를 확장할 수 있습니다. 한글 떼기라고 해서 바로 기역, 니은 나올 줄 알았는데 아직 시작도 안 하셔서 당황하셨나요? 이제 거의 다 왔습니다. 쓰기 준비하시느라 고생 많으셨습니다.

몸으로 느끼고 즐기는 한글

몬테소리 언어 교육은 앞에서 소개한 통 글자 교육과 소릿값 교육 중 후자에 해당합니다. 한글을 소릿값으로 자연스럽게 익히기 위해 부모님이 한글의 특성을 이해하고 있는 것은 아주 중요합니다. 한글은 자음과 모음 그리고 받침으로 구성된 글자입니다. 한글은 모음 21개와 자음 19개로 이루어져 있습니다. 자음과 모음을 결합해서 하나의 글자를 소리로 인식하며 한글을 습득합니다. 한글은 영어의 알파벳처럼 글자를 옆으로 나열하지 않고 하나의 음절로 왼쪽에서 오른쪽으로, 위쪽에서 아래쪽으로 글자를 모아서 씁니다. 한국어의 음절 구조를 간단히 소개하겠습니다. 한글은 기본적으로 음절 단위로 표기합니다. 한국어는 4개의 음절 구조가 있습니다.

1. 모음 : 아이

2. 자음 + 모음 : 나무

3. 모음 + 자음 (받침) : 얼음

4. 자음 + 모음 + 자음 (받침) : 한글

첫 번째로 모음으로만 이루어진 음절구조 '아이'는 소리가 없는 이응(ㅇ)과 함께 씁니다. 두 번째로 자음과 모음으로 이루어진 글자 '나무'는 '나'처럼 자음을 왼쪽에 쓰는 모음과 '무'처럼 자음을 위쪽에 써야 하는 모음이 있습니다. 다음으로 모음과 자음(받침)으로 시작하는 글자 '얼음'은 첫 번째 구조처럼 소리가 없는 이응(ㅇ)과 함께 쓰고 모음의 아래쪽에 받침으로 쓰는 자음을 붙입니다. 마지막으로 자음+모음+자음으로 이루어진 구조는 '한'처럼 모음의 왼쪽에 자음을 쓰고 아래쪽에 받침을 붙이고 '글'처럼 모음의 위쪽에 자음을 쓰고 아래쪽에 받침을 붙입니다. 부모님이 4개의 음절 구조를 이해하고 아이에게 단계별로 글자를 알려주면 이론적 지식과 문법적인 설명 없이도 아이가 글자를 만드는 구조를 이해하고 한글을 받아들이는 데 도움이 됩니다.

모음은 혼자서도 소리를 낼 수 있어서 홀소리라고 부릅니다. 모음은 자체로도 소리를 낼 수 있지만 쓸 때는 소리가 없는 자음 이응(ㅇ)을 앞에 써서 표기합니다. 모음은 ㅏ, ㅓ, ㅗ, ㅜ, ㅔ,

ㅐ, ㅡ, ㅣ, ㅑ, ㅕ, ㅛ, ㅠ, ㅖ, ㅒ, ㅘ, ㅙ, ㅚ, ㅞ, ㅝ, ㅟ, ㅢ 총 21개입니다. 21개의 모음은 3개의 기호를 바탕으로 만들어졌습니다. 점(・)은 둥근 하늘을, 세로선(ㅣ)은 사람을, 가로선(ㅡ)은 땅을 상징합니다. 하늘과 땅 사이에 사람이 살고 있는 모습을 표현했습니다.

한글의 모음은 3개의 기호의 조합으로 만들어집니다. 예를 들어 세로선(ㅣ)에 오른쪽에 점(・)을 붙여서 ㅏ를 만들었습니다. 가로선(ㅡ)에 점(・)을 위로 붙이면 ㅗ가 됩니다. 이응은 소리가 없고 자리만 차지하는 자음이기 때문에 'ㅏ'와 '아'는 발음이 똑같이 납니다. 사람을 상징하는 세로선(ㅣ)에 점(・)을 오른쪽에 붙이면 밝은 소리가, 점(・)을 왼쪽에 붙이면 어두운 소리가 납니다. '아'와 '어'를 소리 내어 보세요. 마찬가지로 땅을 상징하는 가로선(ㅡ)에 점(・)을 위쪽으로 붙이면 밝은 소리가 나고 아래쪽에 붙이면 어두운 소리가 납니다. '오'와 '우'를 소리 내어 보세요.

자음은 소리가 나오는 발음기관을 본떠서 기본 다섯 개의 글자(ㄱ, ㄴ, ㅁ, ㅅ, ㅇ)를 만들었습니다. 기본 다섯 글자에 획을 더하거나 변형해서 나머지 자음을 만들었습니다. 한글의 자음은 글자의 첫소리(초성)와 끝소리(종성)에 올 수 있습니다. 먼저 첫소리부터 알아보도록 하겠습니다. 자음이 글자의 첫소리에 올 때는 언제나 모음과 함께 씁니다. 자음은 모음과 닿아야 소리를 만들 수 있다고 해서 닿소리라고 부르기도 합니다.

일반적으로 한글 자음과 모음을 소개할 때 자음을 먼저 배우지만 이 책에서는 모음을 먼저 소개하겠습니다. 그 이유는 자음은 모음 없이 혼자 소리를 낼 수 없기 때문에 혼자 소리를 낼 수 있는 모음을 먼저 익히고 자음을 배우면 아이들이 소리를 결합하는데 더 효과적이기 때문입니다. 그리고 이어서 받침을 배우면 글자를 더 쉽게 배울 수 있습니다. 모음을 시작으로 자음을 익히고 자음과 모음을 합성하는 자모 학습을 진행합니다. 모음의 자세한 발음 방법은 4장 더 나아가기를 참고하세요. 자음이 끝소리(받침)로 쓰이는 경우는 5장에서 다룹니다.

- 자음 19개 : 단자음(ㄱ,ㄴ,ㄷ,ㄹ,ㅁ,ㅂ,ㅅ,ㅇ,ㅈ,ㅊ,ㅋ,ㅌ,ㅍ,ㅎ) + 쌍자음(ㄲ,ㄸ,ㅃ,ㅆ,ㅉ)
- 모음 21개 : ㅏ, ㅑ, ㅓ, ㅕ, ㅗ, ㅛ, ㅜ, ㅠ, ㅡ, ㅣ, ㅐ, ㅒ, ㅔ, ㅖ, ㅘ, ㅙ, ㅚ, ㅝ, ㅞ, ㅟ, ㅢ
  - 몬테소리에서 다루는 기본 모음 10개 : ㅏ, ㅑ, ㅓ, ㅕ, ㅗ, ㅛ, ㅜ, ㅠ, ㅡ, ㅣ
  - 단모음 8개 : ㅏ, ㅓ, ㅗ, ㅜ, ㅡ, ㅣ, ㅐ, ㅔ
    (발음을 시작할 때 입 모양과 끝날 때 입 모양이 같다.)
  - 이중모음 13개 : ㅑ, ㅕ, ㅛ, ㅠ, ㅒ, ㅖ, ㅘ, ㅙ, ㅚ, ㅝ, ㅞ,

ㅟ, ㅢ

(발음을 시작할 때 입 모양과 끝날 때 입 모양이 다르다.)

• 모음 두 개를 겹쳐 발음할 때 시작 소리와 끝나는 소리가 다른 것을 이중모음이라고 합니다. 'ㅑ'는 'ㅣ+ㅏ'로 만들어졌습니다. /이/ 소리로 시작해 /아/ 소리를 더해 /야/ 소리가 됩니다. ㅑ, ㅕ, ㅛ, ㅠ는 이중모음입니다. ㅐ, ㅔ는 오래전에는 이중모음이었지만 오늘날에는 단모음으로 변화되었습니다. 문법적 이론은 너무 복잡하게 느껴질 수 있으니, 명칭보다 소리에 더 집중해서 지도하면 됩니다.

한글 모래 글자판으로 모음과 자음 소개

한글모래 글자판 영상

(사진 출처 : 하나 몬테소리)

모래 글자는 매끈한 표면에 글자 부분을 사포처럼 까칠까칠한 소재로 만든 언어 교구입니다. 손끝으로 거친 감촉을 느끼면서 글자의 모양을 몸으로 익힙니다. 교구를 조작하면서 글자의 실제 소리를 동시에 배울 수 있습니다.

눈으로 글자를 보고 손끝으로 느끼고 입으로 발음하면서 각 글자의 형태, 움직임을 통한 글자의 획을 이해하고 글자가 가진 소리를 연관 지으며 글자가 아이에게 각인되는 과정을 통해 자연스럽게 한글을 익힙니다. 모래 숫자판과 영어 모래 글자판도 같은 방식으로 활용할 수 있습니다. 이제 모음과 자음을 모래 글자판으로 소개하겠습니다.

▶ 활동의 소개와 목표

권장 연령 : 3세 이상

작업 목적 : 글자의 획순을 시각적으로 인지하고 손의 촉각을 통해 느끼고 기억하기, 글자가 고유의 소리를 갖고 있다는 것을 인식하고 자음과 모음의 소리를 익히기, 음성 언어를 글자로 바꿀 수 있다는 것을 인식하고 읽기와 쓰기를 준비

준비물 : 모래 글자판 (단자음 14개, 기본 모음 10개) / 쌍자음 제외

> ✎ **도움말** 모래 글자판 교구를 구매하지 않고 제공되는 도안과 색모래로 직접 만들 수 있습니다. 모래 글자판은 교구 구입처에 따라 글꼴, 색깔, 구성이 다릅니다. 제가 소개하는 모래 글자판은 하나 몬테소리 제품입니다. 글자를 처음 접하는 경우 고딕체보다 궁서체가 시각적으로 구분하기 더 쉬울 수 있습니다. 교구의 글꼴이 한글을 배우는 데 큰 영향을 주는 것은 아니지만 고딕체는 ㅗ와 ㅜ가 뒤집어지면 같은 모양을 하고 있어서 아이가 아직 정확한 글자의 모양과 획순을 알지 못한다면 방향이 바뀌거나 뒤집어졌을 때 헷갈릴 수 있습니다.

모음 소개하기

제4장에서 단순한 기본 모음 10개를 소개합니다.

ㅏ, ㅑ, ㅓ, ㅕ, ㅗ, ㅛ, ㅜ, ㅠ, ㅡ, ㅣ

제5장에서 복잡한 모음 11개를 소개합니다.

ㅐ, ㅔ, ㅖ, ㅒ, ㅘ,ㅝ, ㅟ, ㅢ, ㅞ, ㅙ, ㅚ

▶ 작업 과정 및 시범

아이에게 엄마와 함께 한글 모래 글자판을 해보고 싶은지 물어보고 작업에 초대합니다. 모래 글자를 사용하기 전에 따뜻한 물로 손을 씻어서 감각을 높여줍니다. 한 번에 3~4개의 글자만 소개해주세요. 3~4개도 어려워한다면 더 줄이셔도 됩니다. 아이가 오른손잡이라면 엄마는 아이의 오른쪽에 앉아야 작업 중 아이의 시선을 가리지 않을 수 있습니다. 아이가 왼손잡이라면 엄마는 아이의 왼쪽에 앉아서 작업을 진행합니다.

시작 전에 매트의 오른쪽 아래에 소개할 글자 ㅏ, ㅓ 모래 글자판을 꺼둡니다.

아이와 소통하기

① 초대하기

엄마 : 오늘은 엄마랑 모음을 배울 거야. 모음은 혼자서도 소리

를 낼 수 있는 글자야.

② 소개하고 관찰하기

엄마 : (매트를 깔고 가운데에 모래 글자판 'ㅏ'를 놓고) 이것은 /아/ 소리가 나.

왼손으로 모래 글자판을 눌러서 고정하고 오른손 검지와 중지로 모래 글자를 획순에 맞게 'ㅏ'를 따라 씁니다.(자음과 모음의 획순은 4장 더 나아가기에서 확인하세요.) 손가락으로 따라 쓰는 동작이 끝나면 "아, 아, 아"라고, 발음해 줍니다. 시범을 보인 후 "이번에는 네가 한번 해 볼래?"라고 물어보며 아이가 따라 할 수 있도록 기회를 줍니다. 익힌 모래 글자는 왼쪽 위에 뒤집어서 놓습니다. 한 글자에만 집중할 수 있도록 새로운 단어를 소개할 때는 다른 글자는 뒤집어 두세요.

엄마 : 다음 모음은 'ㅓ'야. 이것은 /어/ 소리가 나.

마찬가지로 왼손으로 모래 글자판을 눌러서 고정하고 오른손 검지와 중지로 모래 글자 획순에 맞게 'ㅓ'를 따라 씁니다. 손가락으로 따라 쓰는 동작이 끝나면 "어, 어, 어"라고, 발음해 줍니다.

엄마 : 두 소리를 익혔으니 한 번 소리를 맞춰볼까? 엄마가 내는 소리가 /아/인지 /어/인지 잘 듣고 모래 글자판을 들어보자.

임의로 하나의 소리를 세 번 들려줍니다. 아이가 소리와 일치하는 모래 글자판을 고를 수 있는지 관찰한 후 아직 어려워한다면 앞 단계를 반복해 주세요.

한글 모래 글자판의 모음을 획순에 맞게 손가락으로 쓸면서 시범을 보이고 발음을 알려줍니다. "아, 어, 오, 우, 으, 이, 야, 여, 요, 유." 먼저 10개의 기본 모음만 소개한 후에 모음으로만 구성된 단어로 복습하는 놀이를 진행해 주세요.

▶ 정리 및 마무리, 평가하기

엄마 : 오늘 모음을 배우며 어려울 수 있었을 텐데 재밌게 해 줘서 고마워. 책이나 길에서 오늘 배운 글자가 보이면 엄마한테 말해줄 수 있어? 내일 또 모래 글자판 해보자. 제자리에 정리해볼까?

> ✎ **도움말** 모음으로만 구성된 단어를 모래 글자판으로 만들어 보고 아이와 함께 소리 내 보세요.
>
> 아이, 이(2), 이(치아), 아우, 아야, 여우, 여유, 오(5), 오이, 요요, 우유, 이유
>
> [QR 코드]
> 모음 글자 도안

/야/는 /아/보다 입이 더 크게 벌어집니다. 'ㅣ'옆으로 점이 두 개 붙으니 입도 더 크게 벌려야 한다고 설명해 주세요. /어/보다 /여/가 입이 더 크고 앞으로 나옵니다. 같은 원리로 입을 더 크게 움직이도록 유도해 주세요. 실제로 소리를 낼 때 손가락 하나만 입에 넣을 때와 손가락 두 개를 입에 넣을 때 입 모양을 보여주고 소리를 내면 그 차이를 시각과 청각으로 느낄 수 있습니다. /오/ 와 /우/에 비해 /요/와 /유/는 입술이 앞으로 더 많이 나옵니다.

▶ **응용**

① 모래 글자판 위에 종이를 놓고 색연필이나 크레파스로 문지 르며 탁본 뜨기

② 모래 글자 도안 위에 스티커를 붙이거나 점찍기(도트 마카), 도장찍기

③ 전단지, 과자 봉지, 신문 등의 환경 인쇄물에서 배운 글자 찾 아서 자르고 붙이기

자음 소개하기

시작 전에 매트의 오른쪽 아래에 소개할 글자 ㄱ, ㄴ, ㄷ 모래 글자판을 꺼둡니다.

아이와 소통하기

① 초대하기

엄마 : 오늘은 엄마랑 자음을 배울 거야. 자음은 혼자서 소리를 낼 수 없는 글자야.

② 소개하고 관찰하기

엄마 : 앞에서 배운 모음과 닿아야 소리를 만들 수 있어서 자음을 닿소리라고도 불러. (매트 가운데에 모래 글자판 'ㄱ'을 놓고) 이것의 이름은 기역이야. 기역은 /그/ 소리가 나.

왼손으로 모래 글자판을 눌러서 고정하고 오른손 검지와 중지로 모래 글자를 획순에 맞게 'ㄱ'을 따라 씁니다. 손가락으로 따라 쓰는 동작이 끝나면 "그, 그, 그"라고, 발음해 줍니다.

시범을 보인 후 "이번에는 네가 한번 해 볼래?"라고 물어보며 아이가 따라 할 수 있도록 기회를 줍니다. 익힌 모래 글자는 왼쪽 위에 뒤집어서 놓습니다. 한 글자에만 집중할 수 있도록 새로운 단어를 소개할 때는 다른 글자는 뒤집어 두세요.

엄마 : 이것의 이름은 니은이야. 니은은 /느/ 소리가 나.

마찬가지로 왼손으로 모래 글자판을 눌러서 고정하고 오른손 검지와 중지로 모래 글자 획순에 맞게 'ㄴ'을 따라 씁니다. 손가락으로 따라 쓰는 동작이 끝나면 "느, 느, 느"라고, 발음해 줍니다.

같은 방법으로 자음 'ㄷ'까지 소개한 후에 2장에서 배운 3단계 명칭 교수법을 활용합니다.

① **엄마** : 이것은 /그/ 소리가 납니다. 이것은 /느/ 소리가 납니다. 이것은 /드/ 소리가 납니다.

② **엄마** : /그/ 소리가 나는 것은 어디 있나요? (아이가 ㄱ을 손가락으로 가리킨다.)

③ **엄마** : (ㄴ을 손가락으로 가리키며) 이것은 무슨 소리가 날까요?

▶ **정리 및 마무리, 평가하기**

엄마 : 오늘 자음을 배우며 어려울 수 있었을 텐데 재밌게 해줘서 고마워. 책이나 길에서 오늘 배운 글자가 보이면 엄마한테 말해줄 수 있어? 내일 또 모래 글자판 해보자. 제자리에 정리해볼까?

도움말 3단계 명칭 교수법을 진행할 때 2단계를 어려워하면 다시 1단계로 돌아가서 글자와 소리를 익힐 시간을 더 갖습니다. 위와 같은 방법으로 자음과 모음의 글자를 감각으로 느껴보고 소리를 익힙니다. 제시할 때 글자의 이름보다는 글자가 내는 소리, 즉 발음에 더 집중해 주세요. 기본 음절표를 활용해서 아이가 익힌 글자를 빈칸에 적어보거나 스티커를 붙이면서 얼마나 배웠는지 시각화시켜서 자주 반복하는 것도 좋습니다. 기본 음절표 활용은 4장 부록에서 참고하세요.

글자를 소개할 때 꼭 책에서 소개한 것처럼 모음을 모두 소개한 후에 자음으로 넘어가야 할까요? 소개하는 글자의 순서를 정해놓은 원칙은 없지만 아이에게 의미 있는 글자나 획순이 적고 발음하기가 편한 글자를 먼저 제시해 주면 좋습니다.

30~60개월 유아들은 입술 주변의 근육이 발달하지 않아 발음을 정확하게 하는 데 어려움이 있습니다. 만 5세가 되기 전까지는 모국어를 완전하게 발음하기 힘들어서 특정한 소리를 내는 글자를 더 섬세하게 지도해 주어야 합니다. 『김수연의 아기 발달 백과』에 의하면 연령별로 발음할 수 있는 자음은 2~3세에 ㄴ, ㅁ, ㅂ, ㄷ, 3~5세에 ㄱ, ㅈ, 5~6세에 ㄹ, 6세 이상에 ㅅ으로 설명합니다. 아이의 연령별 발달을 근거로 글자를 제시한다면 아이가 한

글을 습득하는데 더 수월할 수 있습니다. 글자의 소리를 알려줄 때는 소리가 나는 위치가 같은 자음끼리 묶어서 소개하는 것도 좋습니다. 안쪽 입천장에서 나는 소리, 혀끝과 잇몸 사이에서 나는 소리, 입천장에서 나는 소리, 두 입술 사이에서 나는 소리, 목구멍에서 나는 소리로 발음 기관의 위치를 고려해서 비슷한 입 모양을 만드는 소리끼리 분류해서 제시하는 방법도 있습니다. 엄마가 먼저 글자를 따라 쓰면서 소리 내 보고 소리가 나는 기관을 확인한 후에 제시해 주어야 작업 중에 아이에게 혼란을 주지 않습니다.

ㄱ ㄴ ㅁ ㅅ ㅇ ㅋ ㄷ ㅂ ㅈ ㅎ ㅌ ㅍ ㅊ ㄹ	발달 연령	말소리
	2~3세	ㄴ, ㅁ, ㅂ, ㄷ
	3~5세	ㄱ, ㅈ
	5~6세	ㄹ
	6세 이상	ㅅ

위치가 같은 자음끼리 묶어서 소개하기

1. 안쪽 입천장에서 나는 소리 → ㄱ, ㅋ, ㅇ

2. 혀끝과 잇몸 사이에서 나는 소리 → ㄴ, ㄷ, ㄹ, ㅅ, ㅌ

3. 입천장에서 나는 소리 → ㅈ, ㅊ

4. 두 입술 사이에서 나는 소리 → ㅁ, ㅂ, ㅍ

5. 목구멍에서 나는 소리 → ㅎ

- 아이 발달 연령에 따라 발음하기 쉬운 자음 먼저 소개하기

- 발음 위치가 같은 자음끼리 묶어서 소개하기
- 한글의 가획 원리에 따른 자음으로 묶어서 소개하기
- 가획의 원리에 따라 기본 자음에 획순이 더해지는 순서로 알려주기

  ㄱ→ㅋ→ㄲ, ㄴ→ㄷ→ㄸ, ㅁ→ㅂ→ㅍ, ㅅ→ㅈ→ㅊ, ㅇ→ㅎ
- 가획 원리가 적용되지 않고 모양도 달라지는 문자인 이체자 알려주기

  ㄷ→ㄹ
- ㄲ, ㄸ, ㅃ, ㅆ, ㅉ 쌍자음(된소리, 경음)은 발음할 때 기압과 긴장도
  가 높아서 된소리라고 부르거나 같은 자음을 병렬로 사용한다는 의
  미로 병서竝書라고 부르기도 합니다. 쌍자음을 아이에게 지도할 때
  는 "/그/와 /그/가 만나서 /끄/라고 소리 나"처럼 기역이 두 개가 만
  나서 소리도 두 배로 강하게 난다고 간단히 설명해 주세요.

이제 앞에서 배운 자음과 모음을 가지고 자모 합성을 소개합니
다. 모래 글자판으로 '가'가 만들어지는 과정을 아이에게 제시하
겠습니다.

① 자음(ㄱ)모래 글자와 모음(ㅏ)모래 글자를 각각 손가락으로
   따라 쓰며 /그/와 /아/ 소리를 다시 알려줍니다.
② ㄱ모래 글자는 왼쪽에, ㅏ모래 글자는 오른쪽에 두고 두 개
   의 모래 글자판 동시에 가운데로 가져오면서 '/그아/, /그
   아/, /그아/'라고 소리 내면서 서로 만나게 합니다. 두 글자

가 점점 가까워질수록 소리 내는 속도도 높여주세요. 두 모래 글자판이 하나로 만나는 것처럼 '그아', '그아', '그아', '가~'로 소리도 포개집니다.

③ ㄱ와 ㅏ 모래 글자판을 포개어 놓고 옆에 통 글자로 된 모래 글자판이 있다면 함께 제시해 주세요.

'고'처럼 위아래로 만나는 단어는 자음(ㄱ)은 위에, 모음(ㅗ)은 아래에 놓고 가운데서 만나도록 소개해 주세요. 나머지 글자들도 매일 조금씩 조합합니다. '가'와 '지'를 각각 합쳐보았다면 '가'라는 글자와 '지'라는 글자가 만나면 '가지'라는 한 단어가 된다는 것을 실물 가지나 모형, 카드와 함께 연계하면서 확장해 주세요.

아이에게 제시하기 전에 엄마가 모래 글자판 사용법을 잘 익혀주세요. 아이가 조합해서 단어를 만들 수 있을 만큼 10개 정도의 글자를 익혔다면 뒤에서 소개할 이동 글자와 연계하거나 그림 글자 카드와 병행해 주세요.

"그, 으, 을, 즈, 아는 재밌어!"

앞에서 한글 모래 글자판을 이용해서 자음과 모음을 소개하는 방법을 알려드렸습니다. 자음과 모음을 똑같은 방식으로 계속 노출하면 아이가 지루해하고 학습의 효과도 떨어질 수 있습니다. 모래 글자판으로 기역(ㄱ)을 소개한 다음에 다른 방식으로 기역(ㄱ)을 만나게 해주고 또 다른 방식으로 기역(ㄱ)을 만나게 해주세요. 이것을 나선형 학습이라고 합니다. 기역(ㄱ)이라는 글자를 접하는 방식과 형태를 바꾸면 아이가 따분해하지 않으면서 되풀이할 수 있습니다.

저는 모래 글자판으로 기역(ㄱ)을 소개한 후에 아이의 손바닥, 발바닥, 등에 기역(ㄱ)을 쓰고 형태를 되풀이하며 알려주었습니다. 반대로 "네가 엄마 손바닥에 기역(ㄱ) 써볼래?" 하며 유도하기도 했습니다. 또 기역(ㄱ)으로 시작되는 말은 어떤 것이 있는지 집 안에서 찾아보면서 "가위, 가방, 가지, 그릇"처럼 일상용품과 글자의 소리를 연결하는 것도 좋습니다. 아이가 놀이터에서 놀거나 산책하다가도 기역(ㄱ) 모양이나 기역(ㄱ)으로 소리 나는 사물을 발견하면 엄마에게 말해주기도 합니다. 몸으로 기역(ㄱ) 모양을 만들거나 블록, 책, 클레이, 구슬 같은 물건을 이용해서 반복적으로 글자를 인식하는 작업을 해주는 것이 많은 도움이 됩니다.

모음 소리와 친해지기 위해 아이가 즐겨 부르는 동요에 모음 소리만 넣어서 불러보세요. 저희 아이가 유치원에서 〈싹트네〉라는 동요를 배워왔습니다. '싹트네. 싹터요. 내 마음에 사랑이. 싹트네. 싹터요. 내 마음에 사랑이'라는 가사에 모음 소리를 넣어보면서 "아아아 아아아 야야야야 야야야 어어어 어어어 여여여여 여여여"와 같이 노래에 맞춰서 같이 불러봅니다.

모래나 곡물, 밀가루 위에 글자 쓰기

▶ 활동의 소개와 목표

권장 월령 : 3세 이상

활동 목적 : 글자의 획순을 시각적으로 인지하고 손의 촉각을 통해 느끼고 기억하기

글자가 고유의 소리를 갖고 있다는 것을 인식하고 자음과 모음의 소리를 익히기

음성 언어를 글자로 바꿀 수 있다는 것을 인식하고 읽기와 쓰기를 준비

준비물 : 모래, 곡물, 밀가루, 투명 쟁반 또는 유리가 끼워진 액자, 모래 글자판

▶ 활동 과정 및 시범

아이와 소통하기

① 초대하기

엄마 : 오늘은 우리가 배운 글자를 다른 방법으로 써볼거야.

② 소개하고 관찰하기

엄마 : 엄마가 액자를 뒤집어서 쌀을 부어놨어. (자음 또는 모음 글자를 보여주면서) 엄마가 보여주는 모래 글자판의 글자를 보고 쌀 위에 똑같이 써볼까? 쓰면서 소리도 내보자. 이 글자는 /

느/ 소리가 나네.

▶ 정리 및 마무리, 평가하기

엄마 : 오늘은 글자랑 다른 방법으로 놀았는데 재밌었어? 네가 원할 때는 언제든지 다시 할 수 있어. 제자리에 정리해 보자.

> ✎ **응용**　**엄마** : 이번에는 엄마가 바닥에 글자를 숨겨놓을 거야. 쌀을 살살 치우면서 무슨 글자가 숨겨져있는지 찾아보고 소리를 말해줘. 눈을 감아봐! (액자 바닥에 모래 글자를 하나 숨겨놓고) 이제 눈을 뜨고 쌀을 살살 조심히 걷어내면서 글자를 찾아보자. /드/가 여기 있어!

　글자가 새겨진 물고기 그림에 클립을 끼워 자석 낚싯대로 건지는 신체형 학습 놀이도 해보세요. 아이가 3단계 명칭 교수법을 지루해하거나 딱딱하게 느낀다면 엄마가 "/그/ 소리가 나는 물고기를 잡아주세요!" 라고 유도해 보세요. 아이는 여러 장이 펼쳐진 물고기 글자 카드에서 해당 글자를 찾아내기 위해 잘 관찰해야 하고 카드를 들어올리기 위해 집중하면서 손과 눈의 협응력을 키울 수도 있습니다.

　시중에 판매하는 한글과 관련된 스티커 책도 동원해 보세요. 저는 뽀로로 한글 스티커 놀이북을 애용했습니다. 페이지마다 기역, 니은, 디귿 등으로 시작하는 실물 스티커를 붙일 수 있게 되어 있어서 글자의 형태와 소리를 복습하고 스티커를 떼고 붙이면서 소근육 발달까지 되는 일석삼조의 효과를 볼 수 있습니다. 게다가 엄마가 시간을 내어 특별히 준비하지 않아도 되니 부담도 없습니다.

저희 아이는 자동차를 정말 좋아합니다. 그래서 저는 한글 놀이에도 자동차를 접목해서 자동차 캐릭터를 담은 작은 책을 만들어 이동 글자라는 교구와 함께 사용했습니다. 이동글자는 자음과 모음 각각의 글자를 조합해서 단어를 만들 수 있는 교구입니다. 글자가 움직여서 이동 글자라고 부릅니다. 자음과 모음이 각각 파란색과 빨간색으로 구분되어 있어서 아이가 이동글자를 다루면서 자음과 모음이 만나서 하나의 소리를 만나는 과정을 익힐 수 있습니다. 교구 판매처나 종류에 따라 자음과 모음의 색깔이 반대인 경우도 있고 이동글자의 소재가 부직포, 필름, 자석 형태로 다양합니다.

저는 부직포 형태로 된 이동글자를 먼저 사용했고 이어 필름형으로 확장했습니다. 이동글자와 함께 자음과 모음으로 만들어진 낱말 카드를 제시해 주세요. 아이가 낱말 카드에 큰 흥미를 갖지 않는다면 저처럼 아이가 좋아하는 주제로 작은 책을 만들어서 이동 글자와 함께 쓰면 호기심을 일으키는 효과가 있습니다. 더 자세한 이동 글자의 활용은 5장을 참고하세요.

모음의 모母는 엄마를 뜻하고, 자음에서 자子는 아들과 딸을 의미합니다. 엄마는 모음을, 아이는 자음을 신체 표현 작업으로 만들어 보세요. 아이가 몸으로 ㄱ 모양을 만들면 엄마는 ㅏ를 만들어서 사진을 찍어 보세요. 그렇게 만든 글자 사진을 출력해서 모래 글자판과 연결 지어보세요. 아이와 과자를 먹으면서 글자를 만들어보는 것도 좋습니다.

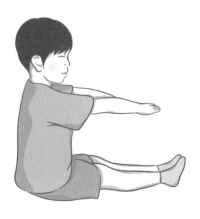

타요책 1

한글 낚시 게임 도안

단어를 제시할 때도 놓쳐서는 안 되는 부분이 있습니다. 아이가 자음과 모음을 조합해서 단어를 만들 때 그 낱말을 이루고 있는 자음과 모음의 구성 요소가 적고 발음하기 쉬운 단어부터 소개해 주세요. 예를 들어 모음 'ㅏ'가 들어간 단어를 소개할 때 받침이나 쌍자음이 없는 단모음과 단자음의 구성된 어휘를 제시합니다. 아이는 '바나나, 사자, 하마, 자라'와 같은 단어들을 가지고 모음 'ㅏ'의 모습을 반복적으로 관찰할 수 있고 모음 /아/ 소리가 자음과 만나서 어떻게 조화를 이루는지 연습할 수 있습니다.

예시

바나나: "브아 브아 브아 바~, 느아 느아 느아 나~, 느아 느아 느아 나~."

사자: "스아 스아 스아 사~, 즈아 즈아 즈아 자~."

하마: "흐아 흐아 흐아 하~, 므아 므아 므아 마~."

자라: "즈아 즈아 즈아 자~, 르아 르아 르아 라~."

단어 카드의 제시 순서

1. 자음(ㄱ-ㅎ)과 모음 (ㅏ, ㅑ, ㅓ, ㅕ, ㅗ, ㅛ, ㅜ, ㅠ, ㅡ, ㅣ)의 조합으로 구성된 낱말 → 가지, 나비, 두부, 오리

2. 받침(ㄱ, ㄴ, ㄹ, ㅁ, ㅂ, ㅇ)이 있는 간단한 낱말 → (ㄱ) 박, 북, 약, 학, 혹 / (ㄴ) 논, 돈, 눈, 문, 산, 연

3. 모음(ㅐ, ㅒ, ㅖ, ㅢ)이 있는 낱말 → 개구리, 개미, 해바라기 /
   게, 그네, 벌레 / 계단, 시계 / 의사, 의자

4. 자음(ㄲ, ㄸ, ㅃ, ㅆ, ㅉ)이 있는 낱말 → 코끼리, 토끼 / 딸기,
   똥 / 빵, 아빠 / 씨앗, 쌍둥이 / 팔찌, 철쭉

이렇게 하나의 자음과 모음 소리가 가까워지면서 붙었을 때 어떤 글자를 만드는지, 소리는 어떻게 합쳐지는지 익히고 다시 글자를 쪼개고 다른 글자와 합치면서 아이는 글자를 배워가는 달콤함을 느낍니다. 단어를 만들 때는 아래 예시를 참고해서 단순한 조합의 낱말에서 받침이 추가된 낱말, 쌍자음이 포함된 단어 그리고 이중모음이 있는 낱말로 난이도를 높여주세요. 처음에는 시간이 걸릴 수 있지만 아이가 소리의 합성과 분리를 이해하면 점점 익히는 속도가 빨라집니다. 이중모음과 받침은 5장에서 소개하겠습니다.

같은 소리로 시작하는 단어 카드

첫소리가 같은 글자

▶ 활동의 소개와 목표

권장 월령 : 3.5세 이상

활동 목적 : 낱말의 시작음과 글자를 연결, 읽기와 쓰기의 준비

준비물 : 첫 소리가 같은 글자 카드

▶ 활동 과정 및 시범

아이와 소통하기

① 초대하기

엄마 : 오늘은 기역(ㄱ)으로 시작하는 단어는 어떤 게 있는지 알아볼거야.

② 소개하고 관찰하기

엄마 : (노래 부르며) 그, 그, 그자로 시작하는 말, 가방, 가위, 고추, 그릇! 또 어떤 글자가 /그/ 소리로 시작할까? 그네, 기차, 고구마, 구두, 고래, 거울!

▶ 정리 및 마무리, 평가하기

엄마 : 같은 /그/ 소리로 시작하는 단어를 이제 잘 아는구나. 다음에 /그/ 소리가 나는 단어가 더 생각나면 엄마한테 말해줘. 이제 카드를 제자리에 정리해 볼까?

> 💫응용 종합장이나 스케치북에 각 자음으로 시작하는 그림을 모아보세요. 스케치북 왼쪽 위에 기역(ㄱ)이라고 적어두고 기역(ㄱ)으로 시작하는 단어를 찾으면 오려서 붙이면서 나만의 책을 만들어 주세요.

24음 한글 기본 음절표 활용

한글 음절표 영상　　　기본 음절표 워크북　　　받침없는 글자 도안

　제공되는 한글 기본 음절표를 출력 후 코팅해서 벽보처럼 활용하세요. 아이가 아는 글자를 표시해 주면서 얼마나 많은 글자를 익혔는지 성취감을 느끼게 해 주세요.

　음절 표 안에 있는 글자를 조합해서 단어를 만들어 보세요. 받침이 없고 자음+모음으로 이루어진 단어들을 복습하는 데 특히 효과적입니다. "여기 '가'가 있네. 가지를 만들려면 '지'가 필요한데, 아! 여기 있다"라고 말하면서 음절표 위에 필기도구로 표시하거나 스티커를 붙이는 등 아이가 글자를 가지고 놀 수 있는 환경을 만들어 주세요.

자음+모음	단어 예시
받침 없는 자음+모음	가지, 거미, 고구마, 고추, 구두, 기러기, 기차, 기타
	나비, 나무, 나사, 너구리, 노루, 누나, 나이
	다리미, 다리, 도마, 도토리, 두부, 두유, 드라이기
	라디오, 루비
	마차, 마이크, 모자, 모기, 미나리, 미로, 무기
	바다, 바구니, 바지, 바이러스, 버스, 비누, 벼
	사자, 사다리, 소, 소라, 소나기, 소파, 시소, 스케이트
	아기, 아파트, 아보카도, 야구, 야자나무, 어머니, 오리, 오이, 오토바이, 요요, 요리사, 우유, 유모차, 유자차
	자라, 자두, 저고리, 주스, 주유소, 지푸라기
	차(자동차/마시는 차), 초, 치마, 치즈, 치타
	코, 코스모스, 쿠키
	타조, 토마토
	파, 파도, 파마, 포도, 피아노, 피리, 피자
	하나(1), 하마, 하모니카, 허리, 허수아비, 호두, 호수, 호루라기, 후추, 휴지

자음과 모음의 발음 소개

기본 자음	조음 기관의 모습	획 추가
ㄱ	혀뿌리가 목구멍을 막는 모양	ㅋ,ㄲ
ㄴ	입천장 앞쪽에 혀끝이 붙는 모양	ㄷ,ㅌ,ㄸ,ㄹ
ㅁ	입을 다문 모양	ㅂ,ㅍ
ㅅ	이의 모양	ㅈ,ㅊ,ㅆ,ㅉ
ㅇ	목구멍 모양	ㅎ

공기가 나오는 소리	공기가 나오지 않는 소리	공기가 세게 나오는 소리
ㄱ, ㄷ, ㅂ, ㅈ, ㅅ	ㄲ, ㄸ, ㅃ, ㅆ, ㅉ	ㅋ, ㅌ, ㅍ, ㅊ

기본모음	발음	발음 방법
ㅏ	/아/	입을 크고 둥글게 벌리고 혀는 가장 낮은 곳에 두고 발음
ㅑ	/야/	/이/에서 시작해서 빠르게 /아/를 붙여서 /야/로 발음 *이중모음
ㅓ	/어/	/아/보다 입을 살짝 다물고 입술을 내밀지 않고 발음
ㅕ	/여/	/이/에서 시작해서 빠르게 /어/를 붙여서 /여/로 발음 *이중모음
ㅗ	/오/	입술을 앞으로 내밀며 둥글게 만들고 발음
ㅛ	/요/	/이/에서 시작해서 빠르게 /오/로 이어서 /요/로 발음 *이중모음

ㅜ	/우/	입모양은 /오/와 비슷하지만 턱을 조금 더 올려서 발음	
ㅠ	/유/	/이/에서 시작해서 빠르게 /우/로 이어서 /유/로 발음 *이중모음	
ㅡ	/으/	입술을 옆으로 벌리고 혀는 이에 닿지 않은 채로 발음	
ㅣ	/이/	입모양은 /으/와 비슷하지만 턱을 내리고 혀를 아랫니에 대고 발음	

자음	발음	이름	발음 방법	쓰기
ㄱ	/그/	기역	혀의 뒷부분을 입천장 뒤쪽에 붙였다가 떼면서 발음	
ㄴ	/느/	니은	혀의 끝부분을 이가 끝나고 입천장이 시작되는 부분에 붙였다가 떼면서 발음	
ㄷ	/드/	디귿	혀의 위치는 /ㄴ/와 비슷하고 입천장이 시작되는 부분에 붙였다가 떼면서 공기를 터트리면서 발음	
ㄹ	/르/	리을	혀의 위치는 /ㄷ/와 비슷하고 입천장이 시작되는 부분을 가볍게 치면서 발음	ㄱ를 쓰고 ㄷ
ㅁ	/므/	미음	두 입술을 붙인 상태에서 두 입술을 떼면서 목청을 울리며 발음	
ㅂ	/브/	비읍	입술 모양은 /ㅁ/와 비슷하고 입안에 공기를 터트리면서 발음	
ㅅ	/스/	시옷	혀끝을 입천장 앞쪽 딱딱한 부분에 붙이듯 올리고 공기가 혀와 입천장 사이를 지나도록 발음	
ㅇ	/X/	이응	이응 자체의 소리는 없고 모음 소리를 따라간다.	

ㅈ	/즈/	지읒	혓바닥 앞쪽을 입천장 앞쪽 딱딱한 부분에 넓게 대었다가 떼면서 마찰을 일으켜 발음	
ㅎ	/흐/	히읗	목구멍에서 바람을 일으켜 발음	
ㅊ	/츠/	치읓	/ㅈ/와 비슷하지만 공기를 더 많이 뱉어내며 발음	거센소리
ㅋ	/크/	키읔	/ㄱ/와 비슷하지만 공기를 더 많이 뱉어내며 발음	
ㅌ	/트/	티읕	/ㄷ/와 비슷하지만 공기를 더 많이 뱉어내며 발음	
ㅍ	/프/	피읖	/ㅂ/와 비슷하지만 공기를 더 많이 뱉어내며 발음	
ㄲ	/끄/	쌍기역	/ㄱ/와 비슷하지만 더 힘 있게, 공기가 나오지 않도록 발음	된소리
ㄸ	/뜨/	쌍디귿	/ㄷ/와 비슷하지만 더 힘 있게, 공기가 나오지 않도록 발음	
ㅃ	/쁘/	쌍비읍	/ㅂ/와 비슷하지만 더 힘 있게, 공기가 나오지 않도록 발음	
ㅆ	/쓰/	쌍시옷	/ㅅ/와 비슷하지만 더 힘 있게, 공기가 나오지 않도록 발음	
ㅉ	/쯔/	쌍지읒	/ㅈ/와 비슷하지만 더 힘 있게, 공기가 나오지 않도록 발음	

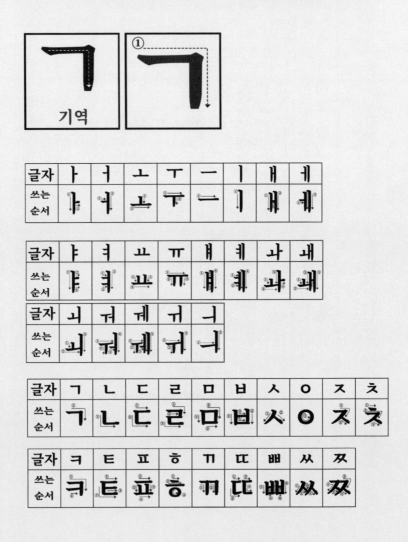

제5장

읽기

즐거운 책 읽기로 읽기 독립

몬테소리 놀이로 한글 깨치기

복잡한 모음(이중모음) 소개

이중모음을 익히기 전에 아이가 모음을 처음 만났던 시간으로 다시 돌아가서 모음의 원리를 되풀이해 주세요. 아이가 앞에서 단모음을 배웠지만 완벽히 자기 것으로 만들 때까지는 계속 헷갈릴 수 있습니다. 새로운 내용을 배우기 전에 앞에서 배운 내용들을 다시 익힐 수 있는 시간을 꼭 자주 가져주세요. 혹시 단모음의 소개로 다시 돌아가야 한다면 4장 – 3. 몸으로 느끼고 즐기는 한글을 읽고 돌아오세요.

초등학교 저학년생도 복잡한 모음과 받침이 있는 단어들로 인해 읽기 부진 현상이 많이 나타나는 만큼 이중모음은 아이들이 어려워하는 내용입니다. 부모님은 인내심을 갖고 아이가 같은 패턴을 반복하지 않도록 주의해야 하고 배움을 인식하지 못한 채로 즐겁게 한글을 깨치도록 더 노력해야 합니다.

학습지처럼 맥락 없이 계속하며 의무감을 주는 명시적 학습보다는 아이 스스로 알고 싶다는 의지로 놀면서 배울 수 있는 환경을 조성하는 것이 중요합니다. 부모도 아이도 학업 스트레스를 받으면서 결과적으로 공부 정서를 방해하지 않도록 지도할 필요가 있습니다.

한글 필름 이동 글자는 글자가 움직인다는 의미에서 붙여진 이름입니다. 한글 모래 글자판처럼 판에 글자가 새겨진 것이 아니라 아이가 글자를 자유롭게 이동시키면서 만들 수 있는 교구입니다. 자음과 모음을 낱말 받침대 위에 순서대로 겹쳐 놓으면서 글자가 완성됩니다. 자음과 모음 그리고 받침을 순서대로 겹치면서 글자의 조합과 분리를 재밌게 익힐 수 있습니다.

한글 필름 이동 글자(필름 글자)로
이중모음 소개하기

▶ **작업의 소개와 목표**

권장 연령 : 4세 이상

작업 목적 : 한글 모래 글자와 움직이는 글자를 연결하기

한글 모래 글자와 움직이는 글자가 같음을 인식하기

자음과 모음, 받침을 결합해 다양한 글자를 만들고 소리 익히기

한글 쓰기와 읽기의 준비

준비물 : 한글 필름 이동 글자(필름 글자) → 이동 글자로 줄여서 표기

> **도움말** 제가 소개하는 이동 글자는 몰댄모어 제품으로 자음, 모음, 받침 자음, 쌍자음, 겹받침, 숫자, 문장 부호로 구성된 교구입니다. 이동 글자는 교구 구입처에 따라 글꼴, 색깔, 구성이 다릅니다. 몰댄모어 교구의 구성 : 자음 (14종), 모음 (14종), 받침 자음 (14종), 쌍자음(5종), 겹받침(9종), 숫자(0~10), 문장 부호 (. , " " ? ! ⟨ ⟩)

▶ 활동 예시

1. 모음으로만 구성된 단어 : 아이, 이(2), 이(치아), 아우, 아야,
   여우, 여유, 오(5), 오이, 요요, 우유, 이유

2. 자음 + 모음의 결합으로 된 단어 : 가지, 나비, 다리, 바다, 사
   자 등 (4장 더 나아가기 참고)

3. 자음 + 이중모음의 결합으로 된 단어 : 복잡한 모음 11개,
   ㅐ, ㅔ, ㅖ, ㅒ, ㅘ, ㅝ, ㅟ, ㅢ, ㅞ, ㅙ, ㅚ

4. 받침이 있는 단어

① 처음에는 이동 글자와 친해지는 시간이 필요합니다. 앞에서
   배운 단모음을 사용한 받침이 없는 글자를 먼저 만들어 보도
   록 합니다. 단어 카드와 그림책을 함께 활용하세요.

② 두 번째로 첫소리 자음과 중간 소리 모음(자음+모음의 결합 형
   태)으로 구성된 글자도 만들어 봅니다.

③ 이동 글자로 간단한 단모음과 받침이 없는 단어 만들기까지
   친숙해졌다면 이제 복잡한 형태의 이중모음을 소개해 봅니다.

이중모음 소개하기

시작 전에 매트를 깔고 이동 글자를 준비합니다.

아이와 소통하기

① 초대하기

엄마 : 오늘은 엄마랑 조금 복잡한 모음을 배울 거야. 이거 봐. 글자가 움직이잖아? 글자가 움직인다고 해서 이 교구는 이동 글자라고 불러.

② 소개하고 관찰하기

엄마 : (글자 카드를 보여주면서) '개'라는 글자에서 우리가 배웠던 소리가 있는데 어떤 소리가 있지? 기역(ㄱ)도 보이고 아(ㅏ)도 보이고 이(ㅣ)도 보이네. 앞에서 배운 ㅏ와 ㅣ가 만나면 새로운 소리를 만들 수 있어. 이 글자는 /그/와 /애/가 만나서 /개/라고 읽어. 이제 엄마가 보여주는 카드를 보고 이동 글자로 다른 글자도 만들어 볼까?

- 제시 단어 카드 예시 : 개, 배, 해, 모래, 새우 등
- 아이의 이해를 돕기 위해 처음에는 그림과 글자가 함께 있는 자료를 활용해 주세요.

- 단어를 만들어서 이야기로 꾸며보세요. "해가 쩅쩅한 날, 개가 배를 타고 가다가 섬에 도착했어. 그 섬에는 모래가 많은 해변이 있었는데 해변에서 새우를 만났지."

▶ **정리 및 마무리, 평가하기**

엄마 : 오늘은 좀 복잡한 모음을 배웠는데도 진짜 재밌게 잘했다. 이제 /아/와 /이/가 만난 /애/ 소리 알았으니까 또 어디에 /애/ 소리가 들어가는지 찾으면 엄마한테 꼭 알려줘! 제자리에 정리해 볼까? 또 하고 싶으면 언제든지 꺼내서 할 수 있어.

ㅏ+ㅣ→ㅐ, ㅓ+ㅣ→ㅔ, ㅣ+ㅔ→ㅖ, ㅣ+ㅐ→ㅒ,
ㅗ+ㅏ→ㅘ, ㅜ+ㅓ→ㅝ, ㅜ+ㅣ→ㅟ, ㅡ+ㅣ→ㅢ
ㅜ+ㅔ→ㅞ, ㅗ+ㅐ→ㅙ, ㅗ+ㅣ→ㅚ

이중 모음 소리의 차이

ㅐ와 ㅔ는 쓸 때는 모양이 다르지만 소리는 비슷합니다. 하지만 입 모양이 달라요. /이/에서 입을 더 벌리면 /에/ 소리가 나고 /에/보다 더 크게 벌려야 /애/ 소리를 정확히 낼 수 있습니다.

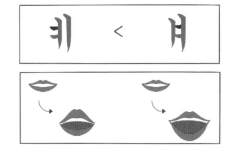

ㅖ와 ㅒ는 쓸 때는 모양이 다르지만 소리는 비슷합니다. /예/보다 /얘/가 입이 더 크게 벌어집니다.

ㅜ+ㅔ→ㅞ, ㅗ+ㅐ→ㅙ, ㅗ+ㅣ→ㅚ

ㅞ와 ㅙ, ㅚ는 모두 같은 소리가 납니다. 쓰는 방법은 다르지만 소리가 같기 때문에 특히 아이들이 더 어려워할 수 있습니다. 다양한 인쇄물과 교구 및 응용 작업들을 통해서 아이들이 단어를 추측해서 읽는 습관을 예방하고 정확하게 읽기 위해 꾸준히 반복할 수 있도록 도와주세요.

아이가 단순히 낱말을 만드는데 흥미를 잃었다면 모음 소리가 들어간 이야기를 들려주세요. 『EBS 한글이 야호』라는 영상과 책을 참고해 보세요. 책에 소개된 내용 중 모음으로만 이루어진 단어를 담은 이야기입니다.

엄마 : 호랑이가 요요를 주웠어. 호랑이가 우유 짜는 아이를 만났어. 호랑이는 아이에게 요요를 주고 우유를 받았어. 호랑이도 아이도 신이 나서 이야이야오. 아이와 호랑이가 배고픈 여우를 만났어. 여우에게 오이도 주고 우유도 주었어.

『EBS 한글이 야호』는 훈민정음 창제 원리에 따라 한글을 가르치는 연습 자료집으로 유아들에게 익숙한 낱말 위주로 구성되어 있습니다. 이야기와 말놀이, 노래와 율동, 글자 놀이와 쓰기 연습 등이 가능하게 되어 있고 기본 음절부터 받침, 쌍자음과 이중모음으로 총 12권의 연습 자료집이 있습니다. 몬테소리 교구로 기본 음절을 익히고 나서 추가로 자료가 더 필요한 시점에 부교재로 활용해 보세요. 초등학교 입학하기 전까지 학습 과정에 따라 차근차근 쓰기에 좋은 교재입니다.

이중모음	발음	발음 방법
ㅐ	/애/	입을 벌리고 혀를 아래로 내려서 발음 *단모음
ㅒ	/얘/	/이/에서 시작해서 빠르게 /애/로 이어서 /얘/로 발음
ㅔ	/에/	/애/보다 입을 작게 벌리고 발음 *단모음 * /애/와 /에/ 발음은 거의 같지만 쓸 때는 구별해서 쓰기
ㅖ	/예/	/이/에서 시작해서 빠르게 /에/로 이어서 /예/로 발음 * /얘/와 /예/ 발음은 거의 같지만 쓸 때는 구별
ㅘ	/와/	/오/를 짧게 발음하고 이어서 /아/를 발음
ㅙ	/왜/	/오/를 짧게 발음하고 이어서 /애/를 발음
ㅚ	/외/	/오/를 짧게 발음하고 이어서 /에/를 발음
ㅞ	/웨/	/우/를 짧게 발음하고 이어서 /에/를 발음 * /왜/, /외/, /웨/는 발음은 거의 같지만 쓸 때는 구별
ㅝ	/워/	/우/를 짧게 발음하고 이어서 /어/를 발음
ㅟ	/위/	/우/를 짧게 발음하고 이어서 /이/를 발음
ㅢ	/의/	/으/를 짧게 발음하고 이어서 /이/를 발음

모음	단어 예시
단모음	모음으로만 이루어진 단어 아이, 오이, 우유, 이(2), 여우, 오(5), 이(치아), 요요, 여유, 아우, 아야, 이유 **아** 가수, 나비, 다리, 마차, 바나나, 사자, 타조, 하마 **어** 거미, 거위, 너구리, 더위, 러시아, 머리, 머핀, 버섯, 선물, 선생님, 얼굴, 전기, 천사, 커피, 허리, 허수아비 **오** 고기, 도토리, 모자, 오리, 토끼, 포도 **우** 구두, 누구, 두부, 부부, 우주, 우표, 주유소, 주차장, 추석, 쿠키 **으** 버스, 치즈, 스키, 주스, 카드, 포크 **이** 기타, 고기, 다리, 나비, 파리, 허리, 오리, 바구니, 코끼리, 어머니, 라디오, 소리, 고리, 부리, 뿌리 **야** 야구, 야자나무 **여** 벼, 여우 **요** 요리사, 요요 **유** 우유, 휴지 **애** 개, 배, 새, 해, 깨, 개미, 개나리, 개구리, 모래, 대나무, 노래, 새우, 무지개, 재채기, 태극기, 대한민국, 해바라기, 해파리, 해마, 해녀, 햄버거, 고래, 찌개, 조개 **에** 셋, 넷, 게, 가게, 꽃게, 네모, 세모, 지게, 세수, 모레, 어제, 제비, 제사, 메주, 체조, 케이크, 테이프, 테니스, 베개, 제기차기, 메뚜기, 이쑤시개, 빼빼로, 함께, 카메라

모음	단어 예시
이중 모음	**얘** 얘(이, 아이), 걔(그, 아이), 쟤(저, 아이), 얘들아, 얘기(이야기)
	예 계곡, 계단, 계란, 계산기, 계절, 기계, 사계절, 세계, 시계, 예방주사, 예쁘다, 예약, 외계인, 옛날, 은혜, 지혜, 경례, 지폐, 차례, 폐
	위 귀, 귀마개, 뒤, 위, 쥐, 가위, 거위, 키위, 바위, 사위, 퀴즈, 취미, 튀김, 위치, 쉬, 박쥐, 기저귀, 주사위, 지휘자, 스위치, 귀걸이, 당나귀, 다람쥐, 사마귀, 까마귀, 휘발유, 휘파람, 위험하다, 귀엽다, 뒤지다
	와 과자, 과거, 과일, 운동화, 과학, 교과서, 기와, 도서관, 사과, 영화, 와플, 전화, 치과, 화요일, 화장실, 환경, 왕, 완성, 완두콩, 박물관, 만화
	의 의사, 의자, 무늬, 띄어쓰기, 희망, 희생, 의심, 흰색
	외 교회, 기회, 꾀꼬리, 뇌, 대회, 된장, 사회, 쇠고기, 왼쪽, 열쇠, 자물쇠, 죄, 최고, 참외, 회, 회사, 회의, 횡단보도, 퇴근, 괴물, 지뢰, 피뢰침
	왜 돼지, 돼지고기, 안돼, 왜, 돼, 횃불, 꽹과리, 왜가리
	워 권투, 원숭이, 월요일, 태권도, 망원경, 병원, 공원, 샤워, 궁궐, 소원, 유치원, 입원, 퇴원, 학원, 보육원, 후원, 회원, 샤워, 고마워, 반가워
	웨 궤도, 궤짝, 웨딩드레스, 웨이터, 스웨터, 꿰다, 훼방, 훼손, 웬일이야, 웨하스

기본 받침(홑받침)의 소개

　한글 자음은 첫소리와 끝소리에 올 수 있고 끝소리에 오는 자음을 받침이라고 합니다. 자음 19개 중에서 ㄸ, ㅃ, ㅉ는 받침으로 쓰지 않습니다. 그리고 글을 쓸 때는 16개의자음(ㄱ, ㄴ, ㄷ, ㄹ, ㅁ, ㅂ, ㅅ, ㅇ, ㅈ, ㅊ, ㅋ, ㅌ, ㅍ, ㅎ, ㄲ, ㅆ)을 모두 쓰지만 발음할 때는 7개(ㄱ, ㄴ, ㄷ, ㄹ, ㅁ, ㅂ, ㅇ)로만 발음합니다. 받침의 소개도 단순한 획에서 복잡한 획으로 진행해 주세요. 홑받침, 쌍받침, 겹받침 순으로 제시합니다.

　한글 읽기 발달에 관한 한 연구에 따르면 초등학교 1학년 1학기가 지나면 전체의 90퍼센트 이상의 학생들이 받침 없는 글자는 읽을 수 있지만, 받침 있는 단어를 여전히 읽기 힘들어한다고 합니다. 받침 있는 단어를 읽기 어려워한 학생들의 17퍼센트는 3학년이 되어서도 받침소리가 있는 단어에 대한 유창성이 떨어졌다고 합니다. 한글을 뗐다고 방심하지 않고 가정에서 꾸준히 아이의 한글인지에 관심을 두도록 해야 합니다.

아이에게 받침을 교구로 소개하기 전에 아빠, 엄마, 아이 그리고 형제가 있다면 검은색 펜으로 가족 구성원의 이름을 종이에 커다랗게 적어주세요. 그리고 받침에만 빨간색으로 동그라미를 쳐봅니다. "아빠 이름에는 받침이 세 개나 있는데 엄마 이름에는 받침이 하나밖에 없네? 네 이름에는 받침이 몇 개 있을까?"하고 호기심을 자극해 주세요. 받침의 사전적 의미를 먼저 알려주기 전에 아이에게 의미 있는 이름에서 "받침은 이런 걸 말하는 거구나!"하고 느끼게 해주세요.

집에 있는 낱말 카드나 그림책에서 받침을 찾아보고 같은 받침을 가진 그림들을 잘라서 종합장이나 스케치북에 붙여서 모아주세요. 나만의 받침이 있는 그림책이 완성됩니다.

앞에서 충분히 연습한 단어들은 아이가 그림을 보고 글자를 추측하여 읽지 않도록 글자만 제시해서 읽어보도록 해주세요. 자음과 모음을 합성한 단어를 읽을 수 있게 된 단계에서는 스스로 실수를 정정할 수 있도록 한 면은 글자, 한 면은 그림만 있는 단어 카드로 준비해 주세요. 아이가 글자를 먼저 읽고 뒷면의 그림을 확인하면서 올바르게 읽었는지 스스로 점검할 수 있습니다.

아직 혼자 읽기가 어려운 단어는 따로 표시해서 아는 것과 모르는 것을 분리하도록 지도해 주세요. 자기가 잘 알고 있는 것과 아직 모르는 것을 구분하는 훈련은 메타인지(인지과정에 대해 아는 것과 모르는 것을 자각하고 스스로 문제점을 찾아내어 해결하며 자신의 학습 과정을 조절할 줄 아는 지능과 관련된 인식)를 키우는 바탕이 되는 데 많은 도움이 됩니다.

한글 이동 필름 글자로 받침 소개하기

'가, 거, 고, 구, 그, 기' 앞에서 배운 자음과 모음으로 결합한 단어들을 만들어 주세요. 의미 없는 글자로 발음 소리를 다시 익혀 봅니다.

"가윽 가윽 가윽~ 각."
"거윽 거윽 거윽~ 걱."
"고옥 고옥 고옥~ 곡."
"그윽 그윽 그윽~ 극."
"기윽 기윽 기윽~ 긱."

자음과 모음을 결합해서 글자 만들기를 반복하며 교구와 친숙해졌다면 이제 받침이 있는 자음 소리가 포함된 단어를 만들어 보고, 이동 글자를 겹쳐서도 단어를 만들어 봅니다. '약, 북, 책'과 같은 받침이 있는 한 단어 글자부터 그림 카드와 실물과 유사한 모형을 두고 글자를 만들어 보기도 합니다.

아이가 좋아하는 책의 표지를 보고 짧은 문장을 만들어 볼 수 있고 아이가 어릴 때 봤던 한 단어 그림책을 활용해서 그림책 속에 있는 글자를 이동 글자로 함께 만들어 볼 수도 있습니다. 아이가 좋아하는 주제가 있다면 저처럼 주제별로 작은 책을 만들어서 단어 만들기를 하면 아이가 더 흥미를 느낄 수 있습니다. 홑받침 단어를 시작으로 쌍받침과 겹받침 형태로 난이도를 진행합니다.

작은 책 만들기

받침있는 글자 도안   작은책 예시

아이가 좋아하는 주제가 있다면 그림과 글자를 담은 작은 책을 만들어 보세요. 책에 낱말을 쓰거나 붙일 때 이동 글자와 같은 색으로 일치시켜 주어야 아이가 글자를 만들 때 헷갈리지 않습니다.

아래에 있는 7개의 받침소리 표를 참고해서 아이에게 받침소리를 알려주세요. 닥과 닭은 쓸 때는 모양이 다르지만, 같은 소리가 납니다. 글을 쓸 때는 형태가 다르지만 같은 소리가 나는 단어들도 아이와 함께 비교해 보세요.

받침소리	받침쓰기	예시단어	발음소리	발음 방법
ㄱ /윽/	ㄱ, ㄲ, ㅋ	악, 앆, 앜	/악/	혀의 뒷부분을 올려서 입천장에 댄 후 멈춰서 닫힌 소리로 발음
ㄴ /은/	ㄴ	간	/간/	혀끝이 윗니 뒤쪽 잇몸에 닿은 채로 발음
ㄷ /읃/	ㄷ, ㅌ, ㅅ ㅆ, ㅈ, ㅊ	곧, 곹, 곳 있, 잊, 잋	/곧/ /읻/	혀끝이 윗니 뒤쪽 잇몸에 닿은 채로 발음
ㄹ /을/	ㄹ	갈	/갈/	혀끝을 윗니 조금 뒤쪽에 둔 채로 발음
ㅁ /음/	ㅁ	감	/감/	두 입술을 붙인 채로 발음
ㅂ /읍/	ㅂ, ㅍ	집, 짚	/집/	두 입술을 붙인 채로 발음
ㅇ /응/	ㅇ	강	/강/	/응/으로 발음 * 이응이 첫소리에 쓰일 때는 소리가 나지 않지만, 끝소리로 쓸 때는 소리가 납니다.

룰렛 글자 만들기

▶ 활동의 소개와 목표

권장 월령 : 4.5세 이상

활동 목적 : 글자의 첫소리, 중간 소리, 끝소리를 연결, 소리를 분석하고

탐색, 읽기와 쓰기의 연습

준비물 : 이동 글자, 룰렛 2개 또는 3개 (첫소리, 중간 소리, 끝소리)

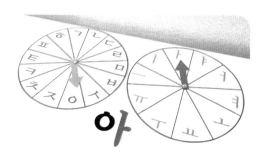

▶ 활동 과정 및 시범

아이와 소통하기

① 초대하기

엄마 : (매트를 깔고) 오늘은 룰렛판으로 글자 만들기 게임을 할

거야! 어때? 해볼래?

② 소개하고 관찰하기

엄마 : 가위바위보로 누가 먼저 할지 정해보자! 가위바위보!

홑받침 단어 예시

가족, 거북이, 국, 낙서, 낙타, 독, 목, 목욕, 미역, 박수, 북, 백(100), 벽, 사막, 식탁, 옥수수, 육(6), 약, 지각, 책, 추석, 초록색, 턱, 떡, 학, 학교

군인, 거북선, 논, 눈, 돈, 도서관, 문, 반찬, 산, 손, 수건, 언니, 운전, 이순신, 연, 전화기, 친구, 천천히, 편지, 환자, 끈

굳은살, 낟알, 디귿, 돋보기, 듣다, 믿다, 받침, 숟가락, 쓰레받기, 쏟다, 턱받이, 해돋이

귤, 길, 달, 돌, 말, 벌, 별, 불, 알, 꿀

감, 감자, 검, 곰, 그림, 김, 남자, 다람쥐, 마음, 몸, 밤, 뱀, 사람, 섬, 소금, 아침, 엄마, 여름, 잠, 잠자리, 점심시간, 점, 춤, 침, 침대, 하품, 힘, 껌, 꿈

김밥, 답, 덥다, 돕다, 밥, 삽, 서랍, 십(10), 십자가, 입, 접시, 집, 컵, 탑, 톱, 팝콘

갓, 그릇, 낫, 다섯, 덧니, 로봇, 버섯, 붓, 비옷, 빗, 못, 옷, 여섯, 이웃, 잣, 첫눈

가방, 강, 강낭콩, 강아지, 고양이, 공, 공룡, 누룽지, 냉장고, 동그라미, 방, 병, 병아리, 비행기, 사랑, 상자, 상장, 송아지, 수영장, 시장, 세종대왕, 엉덩이, 양, 용, 자동차, 주차장, 창문, 총, 콩, 캥거루, 향기, 형, 호랑이, 홍수, 홍콩, 화장, (빵)

곶감, 낯, 빚, 젖병, 지읒, 책꽂이

꽃, 닻, 덫, 돛, 빛, 숯, 치읓, 쫓아가다, 빛나다, 내쫓다, 낯설다

부엌, 키읔, 새벽녘, 해질녘, 들녘

겉, 낱말, 낱개, 밭, 솥, 팥, 끝, 겉옷, 똑같이, 밑변, 밑줄, 티읕, 햇볕

깊이, 늪, 무릎, 숲, 앞치마, 옆구리, 잎, 짚, 피읖, 헝겊

아이 : 와, 내가 이겼다. 내가 먼저 돌려볼게.

엄마 : 'ㄱ', 'ㅏ', 'ㅇ' 이 세 개로 어떤 글자가 만들어질까?

아이 : 강! 물이 많이 흐르는 강!

엄마 : 이번에는 엄마가 한 번 해볼게. 'ㅁ', 'ㅗ', 'ㅁ' 이 만나서 몸!

▶ 정리 및 마무리, 평가하기

엄마 : 룰렛 돌리기로 글자를 만드니까 더 재밌다! 엄마도 네 덕분에 즐거웠어. 또 하고 싶으면 그때는 네가 엄마를 초대해 줘.

> ✎ **도움말** 룰렛을 돌려서 만들어진 글자에 의미가 없더라도 아이가 소리를 익히고 글자를 만들어 가는 과정을 즐기도록 해주세요. 엉뚱한 글자라고 지적하기보다 새로운 글자를 만들었다고 창의력을 존중해 주세요.

복잡한 받침의 소개 :
쌍받침과 겹받침

쌍자음 중에서 받침으로 쓰이는 것은 ㄲ, ㄸ, ㅃ, ㅆ, ㅉ 중에서 ㄲ와 ㅆ 두 개입니다. 쉽게 접근하기 위해 아이와 함께 쌍자음으로 구성된 단어들을 보면서 이야기해 보세요. 쌍자음이 들어가는 낱말들은 보기에는 복잡해 보일 수 있지만 소리가 재밌어서 아이들이 좋아합니다. '꺽, 똥, 뿡'처럼 아이들이 일상에서 많이 들어 본 단어라면 큰 거부감 없이 호기심을 가질 수 있어요. 특히 어린 아이일수록 지저분한 의미를 가진 낱말에 잘 웃고 흥미를 느낍니다.

엄마 : 트림할 때는 어떤 소리가 나지? 꺼억~ 이 소리를 어떻게 글자로 만들까? 한번 만들어 볼까!

엄마 : 아빠가 방귀뀔 때 어떤 소리가 나지? 뿡! 이 소리를 어떻게 글자로 만들까? 한번 만들어 보자!

단어를 쓰고 읽게 하기 전에 그 단어에 대한 개인적인 경험이나 추억이 있다면 이야기 나누면서 글자를 만들기 전 준비 시간을 꼭 가져보세요. 저희 아들은 5살에 똥과 코딱지라는 말을 정말 재밌어했습니다. 마침 두 단어 모두 쌍자음이 들어가는 단어라서 자연스럽게 쌍자음 소리를 자주 말해보고 만들어 보았습니다. '똥'이라는 소리를 어떻게 글자로 만드는지 보여주고 "/ㄷ/와 /ㄷ/가 만나서 /ㄸ/ 소리를 만들었구나!"라고 말하며 쌍자음을 소개했더니 쉽게 받아들였습니다.

ㄲ	/끄/	쌍기역	/ㄱ/와 비슷하지만 더 힘 있게, 공기가 나오지 않도록 발음	된소리
ㄸ	/뜨/	쌍디귿	/ㄷ/와 비슷하지만, 더 힘 있게, 공기가 나오지 않도록 발음	
ㅃ	/쁘/	쌍비읍	/ㅂ/와 비슷하지만, 더 힘 있게, 공기가 나오지 않도록 발음	
ㅆ	/쓰/	쌍시옷	/ㅅ/와 비슷하지만, 더 힘 있게, 공기가 나오지 않도록 발음	
ㅉ	/쯔/	쌍지읒	/ㅈ/와 비슷하지만, 더 힘 있게, 공기가 나오지 않도록 발음	

표에 제시한 쌍자음이 첫 글자로 오는 단어들이 익숙해지면 쌍자음이 받침으로 오는 경우도 알려주세요. 쌍자음 받침이 들어가는 어휘는 동사가 많으므로 행동과 함께 연결해 주면 좋습니다. "연필을 깎다. 꽃을 꺾다. 물을 닦다. 끈을 묶다. 물감을 섞다"와 같이 아이가 날마다 반복되는 생활 안에서 빈번히 사용했던 말부터 시작해 주세요. 'ㅆ' 쌍자음이 독립적으로 받침으로 쓰이는 경우는 '있다'입니다. 그리고 '갔다, 왔다, 먹었다, 잤다, 씻었다' 동사가 과거형으로 쓰일 때와 미래에 의지나 다짐을 말할 때 '~하겠다. ~하겠습니다'로 사용되는 경우가 있습니다.

겹받침은 자음 두 개를 겹쳐서 쓰는 받침입니다. 겹받침은 받침 중 앞쪽이나 뒤쪽에 있는 받침으로 발음하는데 발음의 예외 상황이 있습니다. 겹받침도 받침소리 7개 중 하나로 발음합니다. 아이들이 겹받침을 배울 때 받침이 있는 'ㅎ' 소리의 변화를 어려워할 수 있습니다. 어려운 단어를 직접적으로 제시하기보다 책을 읽으면서 스스로 받침을 발견하거나 일상생활에서 익히도록 도와주세요.

　이동 글자로 단어를 만들어 보고 종합장에 'ㄲ' 소리가 들어가는 단어들의 그림을 모아보는 것도 좋습니다. 아이가 자기만의 한글책을 만들도록 마트 전단지, 과자 봉지, 사물과 관련된 스티커, 신문, 잡지 등이 인쇄물에서 반복적으로 글자의 형태와 소리를 일치시키는 연습을 할 수 있도록 환경을 준비해 주세요.

받침	예시 단어	발음 소리	발음 방법
ㄳ ㄵ ㅄ	넋, 앉, 값	/넉, 안, 갑/	겹받침 중 앞쪽 받침으로 발음
ㄶ ㅀ	많, 싫	/만, 실/	
ㄼ ㄽ ㄾ	넓, 곬, 핥	/덜, 골, 할/	
ㄺ ㄻ ㄿ	닭, 삶, 읊	/닥, 삼, 읍/	겹받침 중 뒤쪽 받침으로 발음 * 받침소리 'ㅍ'은 /ㅂ/로 소리 난다

전단지 놀이

과자와 한글 도안

받침	단어 예시
쌍자음	까치, 꼬리, 꽃, 꽈배기, 꿀, 꿀벌, 미끄럼틀, 코끼리, 토끼 딱따구리, 땅콩, 딸기, 땅, 똥, 떡국, 오뚝이 빵, 아빠, 빨대, 빨래, 빨래집게, 뼈, 빼빼로, 코뿔소 쌀, 쌍둥이, 씨름, 씨앗, 썰매, 쓰레기 짜장면, 짝꿍, 베짱이, 쪽쪽이, 쪽지, 철쭉, 팔찌, 찌개 깎다, 겪다, 꺾다, 낚다, 낚시, 닦다, 덖다, 떡볶이, 묶음, 묶다, 밖, 섞다, 섞박지, 솎다, 안팎, 엮다 * 덖다 : 물기가 조금 있는 고기나 약재, 곡식 따위를 물에 더하 지 않고 타지 않을 정도로 볶아서 익히다. * 솎다 : 촘촘히 있는 것을 군데군데 골라 뽑아 성기게 하다. 있다, 먹었다, 갔다, 왔다, 잤다, 쌌다. (과거형) 약속하겠다, 운동하겠다. (미래의 의지) 쌍자음 글자 도안
겹받침	ㄳ 넋, 넋두리, 몫, 삯, 삯꾼, 품삯 * 삯 : 일한 데 대한 대가로 주는 돈이나 물건 * 삯꾼 : 삯을 받고 임시로 일하는 일꾼 겹받침 도안 ㄵ 앉다, 주저앉다, 끼얹다, 얹다 ㄶ 끊다, 괜찮다, 귀찮다, 많다, 수많은, (하지)않다, 언짢다, 점잖 다, 편찮다, 하찮다 ㅄ 값, 없다

모음	단어 예시
ㄹㅎ	곯다, 굻다, 꿇다, 끓(이)다, 닳다, 뚫다, 속앓이, 싫다
	* 곯다 : 속이 뭉크러져 상하다, 해를 입어 골병이 들다. (배를 쫄쫄 곯다.)
	* 굻다 : 담긴 것이 그릇에 가득 차지 않고 조금 비다. (쌀독에 쌀이 굻다.)
ㄹㅂ	넓다, 넓이, 넓히다, 떫다, 밟다, 얇다, 여덟, 엷다, 짧다
ㄹㅅ	곬 : 한쪽으로 트여 나가는 방향이나 길. (빗물이 곬이 져서 흐르다.)
ㄹㅌ	핥다, 훑(어보)다
ㄹㄱ	갉작거리다, 굵다, 긁다, 기슭, 까닭, 낡다, 늙다, 늙은이, 닭, 맑다, 묽다, 밝기, 밝다, 붉다, 삵, 수탉, 암탉, 얽다, 읽다, 칡, 흙, 흙탕물
ㄹㅁ	곪다, 굶다, 닮다, 삶, 삶다, 앎, 옮기다, 옮다, 젊다, 젊은이, 짊어지다
ㄹㅍ	읊다, 읊조리다 : 억양을 넣어서 소리 내어 읽거나 외우다. (시를 읊다.)

다양한 읽기 강화 훈련

동음이의어

동음이의어

▶ 활동의 소개와 목표

권장 월령 : 4.5세 이상

활동 목적 : 같은 소리와 이름을 가진 서로 다른 사물의 소개, 어휘력 확장

준비물 : 동음이의어 단어 카드, 수수께끼 카드

▶ 활동 과정 및 시범

아이와 소통하기

① 초대하기

엄마 : 오늘은 소리도 모양도 같은데 서로 다른 글자를 알아볼까?

② 소개하고 관찰하기

매트를 깔고 동음이의어 단어 카드와 수수께끼 카드를 활용해 주세요.

엄마 : 엄마가 내는 수수께끼 한 번 맞춰봐! 해가 져서 어두워지고 다음 날 해가 뜨기 전까지 하늘이 캄캄한 시간을 뭐라고 할까?

아이 : 저녁? 밤!

엄마 : 맞았어. 다음 수수께끼는 가시가 많이 난 껍질을 벗기면 그 안에 딱딱하고 갈색인 열매가 있어. 그리고 또 껍질은 벗기면 하얀 속살을 가진 열매야. 생으로 먹거나 삶아서 먹어.

아이 : 밤!

엄마 : 맞아! 그런데 어두컴컴한 시간도 밤인데 밤나무에 열리는 밤도 밤이네? 소리랑 이름은 같은데 서로 다른 뜻을 가진 글자를 동음이의어라고 해. 또 어떤 글자가 있는지 알아볼까?

▶ **활동 예시**

밤 1 : 해가 져서 어두워진 시간부터 다음 날 해가 뜨기 전까지 하늘이 캄캄한 시간이야.

밤 2 : 가시가 많이 난 껍질을 벗기면 그 안에 딱딱하고 갈색인 열매가 있고 또 껍질을 벗기면 하얀 속살을 가진 열매를 생으로 먹거나 삶아서 먹을 수 있어.

눈 1 : 얼굴 중에 떴다 감았다 하면서 무언가를 볼 때 사용하는 신체 기관이야.

눈 2 : 추운 겨울에 하늘에 있던 물방울이 딱딱하게 얼어서 떨어지는 하얗고 아주 작은 얼음이야. 이것으로 눈사람도 만들 수 있어.

김 1 : 바닷속 바위에 붙어서 자라는 이것을 뜯어서 잘 말리고 크고 작은 네모로 잘라서 밥을 먹을 때 먹을 수 있어. 이것 위에 밥이랑 야채를 넣고 돌돌 말아서 싸서 먹기도 해.

김 2 : 뜨거운 물이 끓을 때, 밥을 할 때 이것이 생겨. 추운 날은 유리창이나 안경에 하얗게 이것이 생기기도 해.

다리 1 : 강이나 바다를 건널 때 이쪽에서 저쪽으로 건너다닐 수 있게 만든 시설이야.

다리 2 : 사람이나 동물 몸통 아래 붙어있고 서고 걷고 뛸 수 있게 해주는 신체 기관이야.

말 1 : 목이랑 얼굴이 길고 사람을 태우고 빨리 달릴 수 있는 동물이야. 제주도에 갔을 때 엄마랑 타봤는데 무슨 동물일까?

말 2 [말:] : 생각이나 느낌을 소리로 전달할 때 쓰고 입에서 나오는 소리야.

풀 1 : 땅 위에 초록색으로 넓게 퍼진 키가 작고 부드러운 식물이야.

풀 2 : 종이를 붙일 때 쓰는 끈적거리는 물질이야. 색종이를 붙일 때 자주 쓰고 고체로 된 것도 있고 액체로 된 것도 있어.

배 1 : 사람이나 동물의 몸에서 가슴 아래에 있는 부위야. 음식을 많이 먹으면 여기가 볼록해져.

배 2 : 사람이나 물건을 싣고 물 위를 떠다니는 탈 것이야. 작은 것도 있고 아주 큰 것도 있어. 섬에 갈 때 다리가 없으면 이걸 타고 이동한단다.

배 3 : 배나무에서 열리는 열매로 갈색 껍질을 깎으면 하얀 속살이 나오는 과일이야.

사과 1 : 나무에 열려있는 과일이야. 초록색에서 빨갛게 익기도 하고 그냥 초록색인 것도 있어. 우리가 아침에 자주 먹는 빨갛고 동그란 과일이란다.

사과 2 : 다른 친구에게 잘못하거나 미안한 행동을 했을 때 꼭 이것을 해야 해.

굴 1 : 조개처럼 딱딱한 껍데기를 가진 바다 생물이야. 생으로 먹거나 구워서 먹을 수 있어.

굴 2 [굴:] : 땅이나 큰 바위 안으로 깊숙이 생긴 구멍이야. 산이나 땅 밑을 뚫어서 만든 길이기도 해.

벌 1 : 날아다니면서 꽃의 꿀을 모으는 곤충이야. 침이 있어서 쏘기도 하지.

벌 2 [벌:] : 잘못하거나 죄를 지은 사람에게 주는 거야.

간 1 : 뱃속의 오른쪽 윗부분에 있는 우리 몸에서 가장 큰 장기로 위가 소화를 잘 시키도록 소화액을 보내고 해로운 독이랑 병균을 없애 줘.

간 2 : 음식이 짠지 싱거운지 말할 때 쓰는 말이야. 엄마가 요리하고 아빠한테 '여보~ 이것 좀 봐주세요'라고 말하기도 해.

차 1 : 차나무의 어린잎을 달이거나 우린 물이야. 보리를 끓이면 네가 좋아하는 보리차가 된단다.

차 2 : 바퀴가 굴러서 앞뒤로 움직이는 탈 것이야. 네가 가장 좋아하는 놀잇감이지.

▶ 정리 및 마무리, 평가하기

엄마 : 소리랑 모양은 같은데 의미가 다른 글자가 이렇게 많았네! 혹시 또 다른 글자를 찾으면 엄마한테 꼭 알려줘.

🔖 도움말

동음이의어로 재밌는 말놀이 문장을 말로 만들어 보세요.

어두컴컴한 밤에 밤을 먹는다.

하늘에서 내리는 눈이 내 눈에 들어갔다.

뜨거운 김이 나는 밥에 김을 싸 먹었다.

긴 다리를 건넜더니 다리가 아프다.

배를 타고 바다를 건너는데 배가 너무 고파서 배를 먹었다.

네 사과를 몰래 먹어서 미안해. 사과할게.

꽃의 꿀을 찾는 벌을 괴롭히면 침에 쏘이는 벌을 받을 거야.

차를 타고 가면서 차를 마셨다.

반의어

▶ 활동의 소개와 목표

권장 월령 : 5세 이상

활동 목적 : 반대되는 뜻을 가진 낱말 익히기, 어휘력 확장

준비물 : 반의어 카드

▶ 활동 과정 및 시범

아이와 소통하기

(반의어를 알아보면서 이동 글자로 만들어 보세요.)

① 초대하기

엄마 : 오늘은 서로 반대의 뜻을 가진 단어를 알아볼거야.

② 소개하고 관찰하기

매트를 깔고 반대되는 뜻을 가진 말을 왼쪽에서 오른쪽으로 카드를 나열하면서 활용해 주세요.

엄마 : 엄마가 의자에 앉아있는데 '앉다'의 반대말은 뭘까?

아이 : 일어난다? 서다?

엄마 : 맞아. '앉다 - 서다'는 서로 반대되는 뜻을 가지고 있어. 또 어떤 표현이 있을까?

반의어 예시
위-아래, 안-밖, 앞-뒤, 왼쪽-오른쪽, 머리-꼬리, 낮-밤, 도시-시골, 가깝다-멀다, 가볍다-무겁다, 길다-짧다, 덥다-춥다, 뜨겁다-차갑다, 많다-적다, 올라가다-내려가다, 크다-작다, 열다-닫다, 밀다-당기다, 빠르다-느리다, 감다-풀다, 버리다-줍다, 켜다-끄다, 오다-가다, 조용한-시끄러운, 깨끗한-더러운, 어두운-밝은, 높은-낮은, 굵은-가는, 깊은-얕은, 진한-연한

▶ **정리 및 마무리, 평가하기**

엄마 : 서로 다른 뜻을 가진 반대말이 이렇게 많았네! 혹시 또 다른 글자를 찾으면 엄마한테 꼭 알려줘.

🔖 <u>도움말</u> 반의어와 함께 유의어/동의어도 함께 찾아보세요.

의성어/의태어

▶ **활동의 소개와 목표**

권장 월령 : 5세 이상

활동 목적 : 소리를 흉내 낸 의성어와 사람이나 사물의 모양이나 움직임을 흉내낸 의태어 익히기, 어휘력 확장

준비물 : 의성어와 의태어 그림 글자 카드

▶ **활동 과정 및 시범**

아이와 소통하기

(의성어와 의태어를 알아보면서 이동 글자로 만들어 보세요.)

① **초대하기**

엄마 : 오늘은 어떤 소리나 움직임을 표현하는 글자를 배울거야.

② **소개하고 관찰하기**

엄마 : 맛있는 과자를 먹을 때 무슨 소리가 나지?

아이 : 얌얌, 냠냠, 바삭바삭.

(아이의 생각을 계속 물어보고 엉뚱한 답이라도 존중해주세요.)

엄마 : 그럼 개구리는 어떻게 울지?

아이 : 개굴개굴.

엄마 : 이런 소리들을 의성어와 의태어라고 해. 또 어떤 표현들

이 있을까?

▶ **활동 예시**

의성어 예시
개구리-개굴개굴, 닭-꼬끼오, 돼지-꿀꿀, 매미-맴맴, 개-멍멍, 병아리-삐약, 고양이-야옹, 소-음매, 참새-짹짹, 간식 먹는 아이-냠냠, 냄비 뚜껑-달그락, 노크할 때-똑똑똑, 끓는 물-보글보글, 방귀-뿡, 가위질-싹둑, 재채기-에취, 카메라-찰칵, 다이빙-풍덩, 기차-칙칙폭폭, 웃음소리-하하호호, 파도-철썩, 자동차-부릉부릉, 구두소리-또각또각

의태어 예시
간지럼-간질간질, 머리 긁기-긁적긁적, 파마머리-꼬불꼬불, 구름-뭉게뭉게, 침대에서 구르는-뒹굴뒹굴, 바람개비-뱅글뱅글, 가시-뾰족뾰족, 거북이-엉금엉금, 글씨-반듯반듯/삐뚤빼뚤, 발걸음-살금살금/쿵쾅, 별-반짝반짝, 나비-팔랑팔랑, 주름-쭈글쭈글, 열매-주렁주렁, 찰흙-조물조물, 시계-똑딱똑딱, 공-데굴데굴, 빗자루-쓱싹쓱싹, 깃발-펄럭펄럭, 바람-살랑살랑

▶ **정리 및 마무리, 평가하기**

엄마 : 소리나 움직임을 표현한 단어가 이렇게 많았네! 혹시 또 다른 글자를 찾으면 엄마한테 꼭 알려줘.

의성어와 의태어를 넣어서 짧은 문장을 말로 만들어 보세요.

개구리가 개굴개굴 운다. 간식을 맛있게 냠냠 먹는다.

이마에 주름이 쭈글쭈글하다.

짧은 문장 만들기

▶ 활동의 소개와 목표

권장 월령 : (글자를 읽을 수 있는) 5세 이상

활동 목적 : 짧은 글의 읽기 연습, 다양한 표현의 적용

준비물 : 동음이의어, 반의어, 의성어와 의태어 카드

* 띄어쓰기 부분에서 숨을 크게 들이쉬면서 띄어 읽는 연습을 시켜주세요.

▶ 활동 과정 및 시범

아이와 소통하기

(문장을 바로 이동 글자로 만들어 보세요.)

① 초대하기

엄마 : 오늘은 앞에서 배웠던 표현들로 짧은 문장을 만들어 볼 거야. 좀 어려울 수 있으니까 그림을 보면서 만들어보자.

② 소개하고 관찰하기

• 동음이의어로 짧은 문장 만들기

  밤에 밤을 먹는다. 내 눈에 눈이 들어갔다. 김이 나는 밥에 김을 싼다. 두 다리로 긴 다리를 건넌다. 배를 타고 가면서 배를 먹는다. 벌에게 쏘이는 벌을 받는다. 차를 타고 차를 마신다.

• 반의어로 짧은 문장 만들기

  아이가 운다. 아이가 웃는다. 물이 많다. 물이 적다.

  기린의 목이 길다. 개의 목이 짧다.

  구멍이 깊다. 구멍이 얕다. 날씨가 덥다. 날씨가 춥다.

• 의성어와 의태어로 짧은 문장 만들기

  토끼가 깡충깡충 뛰어간다. 거북이는 엉금엉금 기어간다.

  파도가 철썩인다. 별이 반짝반짝 빛난다.

  개구리가 개굴개굴 운다. 포도가 주렁주렁 열린다.

• 한 문장 그림책으로 짧은 문장 만들고 읽기

▶ 활동 예시

엄마 : 우리 ○○이가 2살 때 매일 보던 그림책이야. 이제 이렇게 커서 혼자서 읽을 수 있구나. 한 문장씩 엄마랑 같이 읽어볼까?

엄마와 아이 : 사과가 쿵. 커다란 커어다란 사과가 ... 쿵! 사각 사각 사각 아, 싱싱해. 야금 야금 야금 아, 맛있어. 쪽 쪽 쪽 아, 달콤해. 냠 냠 냠 아, 맛 좋다. 아삭 아삭 아삭 아, 좋은데. 우적 우적 우적. 날름 날름 와사삭 와사삭. 날름 날름 쪽 쪽. 모두들 배부르게 잘 먹었습니다. 아! 비가 내리네. 하지만 걱정 없어요.

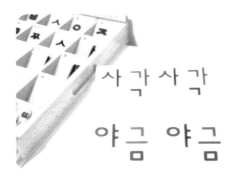

▶ 정리 및 마무리, 평가하기

엄마 : OO이가 이렇게 혼자 책을 읽을 수 있게 될 때까지 정말 열심히 노력했다는 걸 엄마는 잘 알고 있어. 연습하고 또 연습해서 멋지게 읽어낸 걸 정말 축하해!

> ✍ **도움말** 저는 아이가 스스로 읽고 싶어 할 때를 다시 보려고 돌 전후로 읽었던 보드북을 버리지 않고 보관했습니다. 아이에게 친숙한 짧은 문장으로 된 그림책을 읽으면서 스스로 읽기 독립의 달콤함을 맛보는 순간을 오래전부터 기다리고 있었거든요.

문장의 순서

....

▶ 활동의 소개와 목표

권장 월령 : (글자를 읽을 수 있는) 5세 이상

활동 목적 : 문장을 이루는 단어들의 순서 배열의 이해, 간접적 품사의 소개

준비물 : 접착력있는 메모지 (포스트잇) 또는 작은 메모지

▶ 활동 과정 및 시범

아이와 소통하기

① 초대하기

엄마 : 오늘은 문장을 가르고 모으는 걸 해볼거야.

② 소개하고 관찰하기

• 명사 + 조사 + 동사 [문장 성분을 쪼개고 순서 배열하기]

  동생이 운다. → 동생/이/ 운다.

  나는 잔다. → 나/는/ 잔다

  비가 온다. → 비/가/ 온다.

  아빠가 노래한다. → 아빠/가/ 노래한다.

• 명사 + 조사 + 형용사

  하늘은 높다. → 하늘/은/ 높다.

비행기는 크다. → 비행기/는/ 크다.

구름이 하얗다. → 구름/이/ 하얗다.

엄마가 행복하다. → 엄마/가/ 행복하다.

• 형용사 + 명사 + 조사 + 부사 + 동사

예쁜 동생은 얌전히 잔다. → 예쁜/ 동생/은/ 얌전히/ 잔다.

다정한 엄마가 조용히 말한다. → 다정한/ 엄마/가/ 조용히/
말한다.

씩씩한 형이 스스로 씻는다. → 씩씩한/ 형/이/ 스스로/ 씻는다.

멋진 아빠가 꼭 안아준다. → 멋진/ 아빠/가/ 꼭/ 안아준다.

• 한 문장 그림책으로 짧은 문장을 가져와서 순서 배열하기

▶ **활동 예시**

엄마 : 우리 ○○이가 3살 때 매일 보던 그림책이야. 이 책에 나
온 문장을 엄마가 종이에 쪼개 놓을게. 순서대로 맞춰볼까?

예시로 『우리 엄마』에 나온 '우리 엄마는 참 멋져요. 우리 엄마
는 굉장한 요리사예요. 우리 엄마는 놀라운 재주꾼이에요. 우리
엄마는 훌륭한 화가예요'라는 내용에서 첫 문장을 활용해 볼게요.

'우리/ 엄마/는/ 참/ 멋져요.' 이 문장을 품사별로 쪼개서 적은 종이의 순서를 섞어주세요. 아이가 순서에 맞게 문장을 원래대로 만들 수 있도록 기회를 주세요.

▶ 정리 및 마무리, 평가하기

엄마 : ○○이가 이렇게 혼자 문장을 만들 수 있게 되었구나. 조금만 더 있으면 엄마한테 책도 술술 읽어줄 수 있겠는걸? 또 만들어 보고 싶은 문장이 있으면 언제든지 이야기해 줘.

문장 부호 소개

문장 부호란 글을 읽을 때 오해가 생기지 않도록 도와주는 기호를 말합니다. 문장의 부호는 글쓴이의 의도를 잘 전달하기 위해 사용하는 부호입니다. 이 책에서는 초등 저학년 과정에서 일상적으로 사용되는 글에서 만날 수 있는 대표적인 부호만 소개합니다.

문장 부호는 문장에서 구체적으로 어떤 역할을 할까요? '키가 작은 친구의 아빠'에서 키가 작은 사람은 '친구'일 수도 있고 '친구의 아빠'일 수도 있습니다. 이때는 글쓴이의 의도에 따라 '키가 작은, 친구의 아빠'라고 쓰면 친구의 아빠가 키가 작다는 점을 정확히 표현할 수 있습니다. '바다가 정말 넓다.'에 비해 '바다가 정말 넓다!'는 말하는 사람의 감정과 느낌을 더 강하게 전달할 수 있습니다.

• 문장 부호의 종류

부호	이름	언제 쓸까요?	예문 <백희나 알사탕 발췌>
.	마침표	설명, 요청, 명령을 나타내는 문장 끝에 씁니다.	나는 혼자 논다.
?	물음표	물어보는 문장 끝에 씁니다.	뭘? 그래? 그럼 왜 자꾸 나를 피하는 거야?
!	느낌표	감정, 느낌을 나타내는 문장 끝에 씁니다.	소파가 말을 한다! 할머니 목소리다!
,	쉼표	잠깐 쉬거나 부르는 말 뒤에, 여러 단어를 나열할 때 씁니다.	어, 말랑하다. 동동아, 잘 지내지?
" "	큰따옴표	직접 대화를 표시 할 때 씁니다.	"그건 알사탕이야. 아주 달지." "나랑 같이 놀래?"
' '	작은 따옴표	인용한 말을 나타낼 때 씁니다.	'할머니, 내 목소리 들려?'
…	줄임표	할 말을 줄이거나 머뭇거릴 때 쓴다.	나도… (사랑해)

문장 부호에 따라 어떤 차이가 생기는지 문장의 의미를 비교해 보거나 문장 부호에 따라 어떻게 느껴지는지 들려주면서 아이에게 문장 부호를 소개해 주세요. 문장 부호를 왜 써야 하는지, 쓰지 않았을 때 어떤 오해가 생길 수 있는지를 이해하면 쓰기와 읽기 과정에서 아이가 문장 부호를 눈여겨볼 수 있습니다.

문장 부호는 보조적인 수단이지만 의미를 효율적으로 전달하기 위해 적절하게 사용할 필요가 있습니다. 문장 부호는 초등학교 1학년 1학기 과정에서 나오는 내용입니다. 아이와 그림책이나 동화책을 읽으면서 문장 부호를 찾아보고 이동 글자로 다양한 문장을 만들어 보세요.

더 나아가기

한글 읽기와 문해력에 도움을 주는 그림책

한글 읽기 그림책

제6장

어휘력 향상

몬테소리 4개 영역과
언어의 관계

몬테소리 놀이로 한글 깨치기

① 일상 영역과 언어

몬테소리 교육의 다섯 가지 영역 중 가장 기초가 되는 교육이 바로 일상 영역입니다. 일상 영역은 말 그대로 우리 삶에서 일어나는 모든 일을 담고 있습니다. 아이가 아침에 눈을 뜨면 서툰 손짓으로 이부자리를 정리하고 컵에 물을 따라 마신 후 화장실로 가서 거울을 보고 세수를 하며 흐트러진 머리카락을 정돈합니다. 아침 식사를 위해 엄마와 함께 요리하고 식사를 차리며 다 먹은 후에 정리하고 양치질을 합니다. 날씨와 일정에 어울리는 옷을 입고 어린이집 가방을 챙겨 메고 전신거울 앞에서 단정해진 자기 모습을 한 번 더 확인한 후 신발을 신고 집을 나섭니다.

이 모든 일상 작업은 생애 전체에 걸쳐 일어나는 일이에요. 그래서 저는 아이가 만 3세가 될 때까지 일상 영역에 가장 큰 관심을 가졌습니다. 일상 영역은 부모가 아이의 손과 발이 되지 않고 아이가 앞으로 자신의 삶을 스스로 꾸려나가기 위해 세 살 버릇을 만드는 과정입니다.

일상 영역은 다시 작업에 대한 준비, 운동의 조정과 협응의 연습, 자신에 대한 배려, 타인에 대한 배려, 환경에 대한 배려로 나눕니다. 몬테소리 매트 펴고 말기, 필요한 의자나 책상을 나르고 교구를 옮기는 것과 같은 작업을 통해 준비 과정을 익힙니다. 선을 따라 걷고 액체를 따르고 콩을 숟가락으로 옮기고 빨래를 집게로 꼽고 과일을 자르고 구슬을 끼우는 작업을 하면서 자연스럽게 근육을 조절하고 눈과 손의 협응을 연습할 수 있습니다. 이 모든 작업이 앞에서 배운 쓰기를 위한 준비의 바탕이 됩니다.

아이가 스스로 손을 씻고 코를 풀고 옷을 입고 벗으며 자기를 가꾸기도 합니다. 손님을 초대해서 문을 열어주고 간식을 만들어서 차려주면서 타인에게 공손함을 표현하기도 해요. 아이가 생활하는 공간을 정리하고 청소하고 식물을 가꾸면서 환경에 대한 배려심도 키울 수 있습니다.

몬테소리 교육법에서는 일의 준비부터 일을 하는 과정, 마무리까지 체계를 강조합니다. 일이 일어나는 순서를 자연스럽게 익히고 주변을 정돈하면서 질서감을 느끼게 되는 효과가 있습니다.

대표적인 일상생활 작업의 예는 집안일입니다. 요리, 청소, 빨래, 쓰레기 버리기와 같은 집안일 놀이로 아이의 공부 머리도 자라게 할 수 있어요.

엄마는 집안 곳곳에 아이가 남기는 흔적들을 따라다니며 뒤치다꺼리하다 하루를 보내기도 합니다. 그런데 아이가 매일 일상에서 성취감을 느낄 수 있고 덩달아 엄마의 큰 부담인 집안일도 덜 수 있다면 일석이조 아닌가요. "오늘은 또 무얼 하고 놀까? 이왕이면 아이의 발달에 도움도 되면 좋을 텐데. 밀린 집안일은 언제 다하지?" 이 고민을 모두 해결할 수 있는데 집안일 놀이를 미룰 이유가 있을까요?

어른에게는 사소하고 귀찮은 일상의 일들이 아이에게는 신기하고 재밌는 놀이가 됩니다. 물론 이런 일상의 동작을 아이가 혼자 하기까지는 많은 연습과 반복이 필요해요. 아이는 직접 할 수 있는 기회를 갖고 실수를 반복하는 과정 안에서 감각과 신경, 뇌와 근육의 협응을 훈련할 수 있습니다. 아이의 애씀을 지켜보면서 부모의 마음은 기특하기도 하고 답답하기도 합니다.

하지만 어른의 인내심 덕분에 아이는 스스로 자기만의 세상을 건설해 가는 경험을 할 수 있다는 것을 잊지 마세요. 한 사회는 어린아이부터 시작되고 잘 자란 아이가 더 큰 사회로 포개지는 날이 올 거예요. 일상생활을 함께 하면서 아이가 디딤돌처럼 잘 다져놓은 세 살 버릇을 가지고 자신이 속한 사회 안에서 여든까지 기여하는 사람으로 자랄 거라고 믿어봅니다.

일과표로 생활 습관과 한글 익히기

일과표 활용

일과표 도안

아이의 오전과 오후 일과를 정리한 표를 만들었습니다. 표에 활동을 설명한 한글과 영어를 적어두고 정해진 일을 마치면 찍찍이를 붙이는 활동입니다. 등원 전과 등원 후로 나눠진 일과표를 활용하면서 아이 스스로 할 수 있는 기회도 주세요. 일과를 마친 후 벨크로 테이프를 떼었다 붙였다하면서 소근육도 발달되고 아이는 '혼자서도 잘 해냈다!'는 성취감도 느낄 수 있습니다. 도안과 영상을 참고해서 아이의 기본 생활 습관과 어휘력, 두 마리 토끼를 모두 잡으시길 바랍니다.

쓰레기 분리수거하면서 한글 익히기

아이가 3살 때부터 집을 나서는 길에 항상 분리수거 쓰레기를 함께 버렸습니다. 분리수거와 쓰레기를 다루는 방법을 익히면서 환경 교육을 할 수 있습니다. 한글을 익히는 시기에는 분리수거와 한글을 연계했습니다. 예를 들면 "자음 'ㅅ'으로 시작하는 스티로

폼은 어디에 넣으면 좋을까? /스/ 소리를 찾아주세요." 이런 방식
으로 아이와 분리수거 쓰레기통에 적힌 글자로 분리하는 놀이를
했습니다. 그리고 "우리 버스 기다리면서 /스/ 소리를 찾아볼까?"
라고 하며 스마트폰 상습신고 구역, 소방차 전용이라는 도로 위에
써진 글자에서 자음 'ㅅ'을 찾아보았습니다. 등원 길에 5분이면
충분한 한글 놀이, 정말 쉽죠?

요리하기와 식사 준비

요리와 문해력

　일상 영역에서 저희 아이가 가장 좋아하는 것은 바로 요리입니
다. 저는 몬테소리를 공부하기 시작하면서부터 아이와 부엌에서
많은 시간을 보냈습니다. 20개월 초반부터 요리를 시작한 아들이
지금은 혼자서 야채 다듬고 다지기, 볶음밥, 스파게티, 간단한 간
식 만들기 등을 어려움 없이 할 수 있습니다.

　요리는 아이에게 어떤 능력을 키워 줄 수 있을까요? 『EBS 문해
력 유치원』에서도 요리의 풍부한 교육적 효과를 소개하고 있습
니다. 요리 순서를 익히면서 언어 능력과 문해력을 키울 수 있고
계량하면서 수학 능력을 익힙니다. 요리 과정 중 음식의 상태 변
화를 관찰하며 과학 능력을 키웁니다. 식재료를 준비하고 조리도
구를 이용하면서 대·소근육 운동 능력을 키웁니다. 요리를 마친

후 예쁘게 장식하고 식탁을 차리면서 예술적 감각이 생기고 요리의 준비부터 마무리까지 위생 습관, 건강 관리에 대한 지식도 습득합니다. 다른 사람과 함께 음식을 준비하고 먹으면서 사회성도 기를 수 있습니다. 감각을 통해 배우는 영유아 시기에 다섯 가지 감각을 골고루 자극할 수 있는 요리 활동은 그 자체로 훌륭한 문해 활동입니다.

빨래 널고 개고 정리하기

집안일은 엄마가 따로 활동을 준비하지 않고 교구가 없어도 할 수 있는 최고의 몬테소리 활동입니다. 교육비가 비싼 몬테소리 교육기관에서 하루 종일 집안일만 하고 온다는 말이 있을 정도로 몬테소리 일상 영역에 큰 부분을 차지합니다. 빨래를 통해 어떤 교육적 효과를 얻을 수 있을까요?

- 혼자 앉을 수 있는 연령 (10개월 전후)
- 세탁 후 색깔이 확연히 다른 양말 2켤레 짝 맞추기
- 세탁한 수건이나 손수건, 천 기저귀 등을 얼굴에 덮고 까꿍 놀이 하기
- 걸을 수 있는 연령 (24개월 전후)

- 입었던 옷을 벗어서 빨래 바구니에 넣기
- 빨랫감을 세탁기에 넣거나 세탁이 끝난 빨래를 세탁기에서 꺼내기
- 젖은 빨래를 건조기에 넣고 작동 버튼 누르기
- 세탁이 된 빨래를 바구니에 담아 건조대로 옮기기
- 작은 건조대에 양말, 팬티, 손수건과 같은 작은 옷감 널어보기
- 세탁 후 마른 옷감을 종류별로 분류하기 (양말끼리, 속옷끼리, 수건끼리)

• 문장으로 발화가 가능한 연령 (3세 이상)
- 옷감을 종류별로 분류한 후 간단한 접기 (손수건, 양말 절반 접기)
- 접은 옷감을 수납장에 종류별로 정리하기 (양말끼리, 속옷끼리, 수건끼리)

• 자기 조절력이 있고 말을 잘 하는 연령 (4세 이상)
- 빨래 개기 3단 접기로 티셔츠 개어보기 (종이박스 활용)
- 주름진 옷 다림질하기 (스팀 다리미)

빨래 3단 접기

② 감각 영역과 언어

감각영역은 몬테소리 교육의 핵심입니다. 몬테소리도 유아는 태어날 때부터 여러 감각 능력을 갖추고 있다는 것을 알고 감각을 발달시켜 주는 교구를 만들었습니다. 태어나서부터 6세까지는 감각이 민감한 시기이고 특히 3세 이후에는 아이가 환경에 놓인 사물에 대한 인상들을 분류하고 정돈합니다. 이 시기에 감각적 경험이 풍부한 환경을 만들어 주고 감각 훈련의 기회를 제공하면 추상적인 개념인 크고 작음, 길고 짧음, 넓고 좁음, 밝고 어두움, 차고 따듯함, 무겁고 가벼움 등과 같은 감각을 구체화하게 됩니다. 직접적이고 논리적으로 "이것은 저것보다 더 커, 더 작아"라고 드러내며 설명하지 않아도 아이들이 환경을 흡수하면서 오감을 이용해서 감각을 키워가며 깨닫게 됩니다.

감각 영역의 관점에서 보면 아이는 예리한 관찰자입니다. 아이는 제공받은 환경과 장난감, 교구, 일상생활 용품 등에서 물건의 속성을 관찰하고 그것들을 이해하고 적응하는 과학자가 됩니다. 따듯한 물, 미지근한 물, 차가운 물을 따로 담아둔 그릇에 손을 넣어보고 이쪽저쪽 오가면서 직접 느끼는 감각을 통해 온도에 따른 차이를 받아들입니다. 그때 엄마는 옆에서 "따듯하다, 미지근하다, 차갑다"라고 감각의 속성을 정의 내릴 수 있는 어휘를 제공하며 도움을 주면 좋습니다. 감각을 익히면서 동시에 어휘력도 확장됩니다.

일상 영역을 통해 쌓은 경험을 기초로 교구를 다루면서 더 세심하고 구체적으로 세상을 배워갈 수 있습니다. 아이가 자기가 놓인 환경을 이해하고 그 환경에 적응할 수 있도록 돕는 것이 감각 교육의 목적입니다. 감각을 자극하는 작업을 통해 색을 구분하는 데 어려움이 없는지, 아이가 작은 소리를 잘 구별할 수 있는지, 여러 가지 맛을 느낀 경험으로 혹시 상한 음식을 먹게 되었을 때 이상함을 알아차릴 수 있는지 등을 관찰하면서 어른이 미처 외관상 느끼지 못한 신체적 결함을 발견할 수도 있습니다.

몬테소리 감각 교구는 감각적 자극이 고립되어 있다는 특징이 있습니다. 한 교구에 딱 한 가지 속성만 집중하고 있다는 뜻이에요. 예를 들어 분홍색인 정육면체 10개의 분홍탑은 각 변의 길이가 10cm부터 1cm씩 감소합니다. 가장 큰 정육면체가 10cm X 10cm X 10cm로 1,000㎤이고 제일 작은 정육면체가 1cm X 1cm X 1cm로 1㎤예요. 한 가지 색으로 통일되어 있고 아이 눈에는 부피라는 속성만 다르게 보이도록 만들어졌습니다.

만약 색이 다 다르고 모양이 다 달랐다면 아이는 색, 형태, 크기, 부피까지 여러 속성을 한 번에 느껴야 하므로 혼란이 생길 수 있었을 거예요. 맨 꼭대기에 있는 가장 작은 정육면체를 위에서부터 각 정육면체의 남은 면을 따라 내려오면 똑같은 차이가 생깁니다. 아이가 탑을 쌓으면서 아래로 갈수록 커지고 위로 갈수록 작아지는 점진성도 저절로 익히게 됩니다.

몬테소리 교구 작업에는 직접 목적과 간접 목적을 담고 있습니다. 분홍탑의 직접 목적은 일정한 기준에 따라 사물이 순서대로 늘어서는 서열을 인지하고 대조를 통해 크기의 차이를 구분하는 것입니다. 또 탑을 위로 쌓아가면서 눈과 손이 서로 호응하고 조화롭게 움직일 수 있는 협응력을 키우는 것을 돕기도 해요. 분홍탑을 다루는 동안 아이의 집중력, 관찰력, 논리적 사고력이 증진되고 1부터 10이라는 숫자를 힘들이지 않고 익히는 것이 간접 목적에 해당합니다.

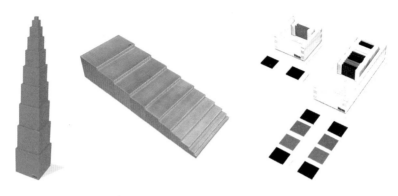

　몬테소리 감각 교구의 특징 중 하나는 아이가 교구를 다루면서 실수가 생기면 스스로 바로잡을 수 있다는 것입니다. 두께와 무게가 다른 갈색 계단을 크기에 따라 줄 세우다가 계단처럼 한 단 한 단 내려오지 않은 것을 깨달은 아이가 "어? 이상하네?"라고 말하며 실수를 혼자서 교정했어요. 엄마가 개입해서 "이거 아닌데? 틀렸는데?"하고 지적하지 않아도 혼자 오류를 발견하고 정정해 가면서 내면의 선생님으로부터 한 번 더 배우는 모습을 발견했답니다.

　감각 교구는 단순한 것으로부터 복잡한 것으로 발전됩니다. 색감을 가르치기 위한 용도로 쓰이는 색판이라는 교구로 처음에는 빨강, 노랑, 파랑 삼원색의 짝을 맞추고 색깔 이름을 익힙니다. 삼원색을 인지한 후에 일차색을 같은 양으로 섞은 색인 이차색을 배울 수 있어요. 일차색인 빨강색과 파랑색이 섞이면 이차색이 보라색이 됩니다. 세 번째로 아홉 가지 색의 명도에 따라 순서대로 익힐 수 있습니다. 빨간색 안에서도 명도에 따라 진하고 옅은 것의 차이가 생김을 감각적으로 느낄 수 있어요. 사용하는 교구의 난이도에 따라서 그냥 빨간색에서 옅은 빨간색, 진한 빨간색으로 어휘 표현이 확장됩니다. 엄마가 교구별로 목적과 점진적인 난이도를 이해하고 있다면 아이가 교구를 받아들이는 데 훨씬 큰 도움을 줄 수 있습니다.

몬테소리 감각 교구의 기본 목적은 오감의 훈련이지만 수 영역의 준비 단계로서도 의미를 가집니다. 분홍탑, 갈색계단, 빨간 막대, 꼭지원기둥과 색원기둥과 같은 교구는 총 10개의 조각으로 구성되어 있습니다. 유아가 10개의 조각을 다루면서 1부터 10이라는 수의 기초 개념을 형성시킬 수 있습니다. 의도적으로 교구에 10cm라는 차이를 두어 일정하게 10cm씩 증가하거나 감소함을 인식하고 십진법(숫자 0, 1, 2, 3, 4, 5, 6, 7, 8, 9를 써서 10배마다 윗자리로 올려 나아가는 표시법)을 간접적으로 심어줍니다. 이미 감각 교구에 친숙해져 있는 유아는 수 교구를 다룰 때 두 교구의 상관관계를 이해하게 되므로 다음 단계의 작업에 접근이 쉬울 수 있습니다.

몬테소리 감각 영역 작업을 통해 익힐 수 있는 어휘는 어떤 것들이 있는지 참고해서 더 풍부하고 세련된 표현력을 키워주세요.

몬테소리 교구를 중심으로 어휘를 정리했지만, 비슷한 목적을 가진 교구나 놀잇감으로 응용하셔도 좋습니다.

감각 교구명	권장 연령	흥미점	사용 어휘
분홍탑 블록	2세 이상	정육면체 쌓기 크기와 무게 느끼기 큰 순서로 서열	크다 - 더 크다 - 가장 크다 작다 - 더 작다 - 가장 작다 딱딱하다, 네모나다, 반듯하다
빨간 막대 길이가 다른 물건	2.5세 이상	막대의 길이 느끼기 길이 차이 재보기 긴 순서대로 서열 빨간 막대로 길이 측정	길다 - 더 길다 - 가장 길다 짧다 - 더 짧다 - 가장 짧다 딱딱하다, 길쭉하다, 반듯하다 빨갛다, 짤막하다, 날씬하다
갈색계단 두께와 무게가 다른 물건	2.5세 이상	두께와 무게 차이 느끼기 계단 만들기 (높낮이)	넓다 - 더 넓다 - 가장 넓다 좁다 - 더 좁다 - 가장 좁다 두껍다, 가늘다, 널찍하다, 널따 랗다, 비좁다, 얄팍하다, 얇다, 가냘프다
꼭지원기둥	2.5세 이상	원기둥 느끼기 구멍의 깊이 비교 원기둥 넣기 세 손가락 훈련	얕다 - 더 얕다 - 가장 얕다 깊다 - 더 깊다 - 가장 깊다 깊숙하다, 야트막하다
색 원기둥	2.5세 이상	색 원기둥 수평 나열 색 원기둥 수직 나열 같은 크기, 색 짝짓기	높다 - 더 높다 - 가장 높다 낮다 - 더 낮다 - 가장 낮다 굵다, 가늘다
색판	2.5세 이상	같은 색깔 짝짓기 색깔 이름 알기 진한 색부터 서열화	밝다 - 더 밝다 - 가장 밝다 어둡다 - 더 어둡다 - 가장 어둡다

촉각판 사포	3세 이상	다른 감촉 느끼기 거친 정도 구별하기 거친 정도 서열화	거칠다 - 더 거칠다 - 가장 거칠다 매끄럽다 - 더 매끄럽다 - 가장 매끄럽다
옷감 짝맞추기	2.5세 이상	다른 감촉 느끼기 옷감의 이름 알기 같은 감촉 찾기	거칠다 - 더 거칠다 - 가장 거칠다 부드럽다, 얇다, 가볍다, 두껍다
비밀주머니	3세 이상	손으로 물건 느끼기 이름 추측하기 물건, 카드 짝 맞추기	눈을 감다, 눈을 가리다 손을 집어넣고 촉감을 말로 설명한다. 물건의 이름을 맞추고 확인한다. 같은 물체, 카드 짝짓기로 응용
온도감각병 온도 느끼기	3세 이상	온도 차이 느끼기 같은 온도 찾기 온도의 서열화 카드와 짝짓기	차다 - 미지근하다 - 뜨겁다 따뜻하다, 차갑다
미각 자극	2세 이상	각각 다른 맛보기 맛에 관해 이야기 맛보고 입안 헹구기 카드와 짝짓기	달다, 시다, 짜다, 쓰다, 새콤달콤하다, 싱겁다, 맵다, 고소하다
소리 상자	3세 이상	양쪽 귀에 번갈아 흔들어서 소리 듣기 같은 소리 찾기 의성어, 의태어 연결	소리가 크다 - 더 크다 - 가장 크다 소리가 작다 - 더 작다 - 가장 작다 조용하다, 시끄럽다 소리를 줄이다, 소리를 키우다

음감벨	3세 이상	소리 듣고 구분하기 간단한 곡 연주하기	도, 레, 미, 파, 솔, 라, 시, 도 소리가 맑다, 소리가 탁하다 소리가 높다, 소리가 낮다 터치벨 게이름
기하입체	3세 이상	입체 모양 느끼기 입체 이름 배우기 점토, 전개도 만들기 같은 입체 사물 찾기 카드와 사물 짝짓기	뿔 : 원뿔, 삼각뿔, 사각뿔 기둥 : 원기둥, 삼각기둥 정육면체, 직육면체 구, 타원체, 계란체

③

수 영역과 언어

앞에서 몬테소리 일상 영역, 감각 영역까지 살펴보았습니다. 아이는 자신이 놓인 환경으로부터 받은 다양한 인상을 정신 속으로 조금씩 분류하고 정리합니다. 이 능력이 바로 추상화이고 상징화예요. 아이는 세상에 있는 구체물과 상호작용하면서 눈에 보이지 않는 개념들을 구체화하고 이해하고 약속된 언어로 표현하게 됩니다. '수'도 마찬가지예요. 읽고 쓰고 말하는 것처럼 계산하는 것도 우리 일상에서 필수적인 능력입니다. 이런 기본적인 이해를 통해 아이는 사회의 문화도 배울 수 있어요. 몬테소리는 수에 대한 기초가 형성되는 시기에 아이가 수학에 긍정적인 태도를 갖도록 환경을 마련해주는 것이 중요하다고 여겼습니다.

아이는 3세 무렵까지 일상생활 속에서 사물을 통해 수를 익힙니다. 주변 사물을 분류하면서 형태, 크기의 차이를 인식하고 순서의 개념을 길러요. 감각 교구 작업으로 크다, 작다, 길다, 짧다, 가늘다, 굵다는 것과 같은 개념을 익히는 것은 길이, 양 그리고 부피 등에 대한 기초가 됩니다. 아이는 수 세기를 시작하고 '수사'를 사용하게 됩니다.

수사는 사물의 수량이나 순서를 나타내는 말로 하나, 둘, 셋 과 같은 양수사와 첫째, 둘째, 셋째 같은 순서를 나타내는 서수사로 나눕니다. 저희 아이는 엘리베이터 버튼으로 수를 익혔습니다. 매일 타고 다니는 엘리베이터에 적힌 숫자판으로 숫자를 배우고 높고 낮음을 느끼고 수의 크기와 순서를 익혔어요.

아이 : 엄마, 우리 집은 몇 층이지?

엄마 : 15층.

아이 : 할머니 집은?

엄마 : 14층.

아이 : 우리 집이 더 높아? 할머니 집이 더 낮구나?

아이와 엘리베이터 탈 때마다 나눈 대화예요. 엄마와 경험한 흔한 일상 안에서도 아이는 수 체계를 흡수하고 있었습니다.

아이가 1부터 9까지 셀 수 있다고 해서 아이가 1부터 9까지 모두 이해하고 있다고 할 수 있을까요? 사탕 9개가 있다면 아이가 눈으로 보고 실제로 손으로 만지면서 사탕 9개라는 양을 확인합니다. 사탕을 세거나 모으면서 "아홉!"이라고 말할 수 있고 구체물을 감각적으로 느끼면서 그 숫자가 의미하는 양을 학습합니다. 그리고 아이는 '아홉'이라는 양을 '9'라는 상징적 기호로 연결 짓습니다. 이제 사물의 양과 숫자 기호를 일대일로 대응시키는 것이 가능해집니다. 아이가 수량, 수사 그리고 숫자의 관계를 이해하게 되면 비로소 1부터 9까지 알고 있다고 말할 수 있습니다.

수학 영역의 교구는 선행 교구를 이해하지 못하면 다음 교구를 활용하기 어렵습니다. 몬테소리는 아이의 발달 수준과 난이도를 고려해서 교구가 너무 쉽거나 어려운 건 아닌지 잘 살피고 아이가 '수'를 재미없게 느껴지지 않도록 주의해야 한다고 강조했어요. 수학 영역의 목표는 수의 개념을 이해하는 과정에서 순서성, 정확성을 형성하고 뇌 발달을 돕는 것입니다. 또 반복 속에서 아이의 뇌는 과학적이고 논리적인 사고를 형성합니다. 필요 이상으로 복잡하게 수학의 원리를 설명하기보다 아이의 흥미를 유지하고 수학을 좋아하게 하는 데 중점을 두고 환경을 준비하는 것이 좋습니다.

교구 없이도 1부터 30까지 배울 수 있는 아주 간단한 방법이 있습니다. 바로 달력이에요. 수 민감기에 놓인 아이들은 온 세상에 수를 모조리 찾아내겠다는 듯이 숫자에 달려듭니다. 그때 저는 탁상 달력과 벽걸이용 달력을 활용했어요. 매달 1일마다 그달에 해당하는 면을 잘라내어 벽에 붙였습니다. 여기에서 너무 많은 숫자는 처음에 혼란을 줄 수 있으므로 한 번에 한 달만 제시해 주세요. 달력으로 1부터 30까지의 숫자도 익히고 숫자를 따라 시간의 변화가 생김을 인지하면서 과거와 현재 그리고 미래 시제도 알게 됩니다. 주중과 주말 일정도 적어 보며 일요일부터 월요일까지 요일의 개념도 터득합니다. 지금 집안 구석 어딘가에 잠들어 있는 달력이 있다면 바로 꺼내서 벽에 붙여주세요.

달력 활용 1-30   100판 활용 영상   숫자와 바둑알 활용

　30 이상의 숫자로 확장할 때는 50판과 100판을 활용했습니다. 50판은 1부터 50까지 수의 순서를 알려주는 교구예요. 흰색 나무 숫자 칩을 파란색 판 위에 올리면서 숫자의 배열과 수의 이름을 익힐 수 있습니다. 50보다 작은 수 20판 교구도 있지만 저는 달력으로 대체하고 50판부터 사용했어요. 바둑판 칸에 맞게 작은 숫자 칩을 올려야 해서 집중력 향상은 물론, 눈과 손의 협응이 더 섬세하게 발달합니다. 100판 교구도 같은 효과를 줄 수 있습니다. 수의 배열뿐만 아니라 2의 배수, 3의 배수 등 배수로 놓기, 짝수와 홀수만 놓기, 패턴이나 도형 만들기로 응용할 수 있습

니다. 참고로 이 내용은 초등학교 1학년 수학 교과서에서 다루는 내용과 같습니다. 수 교구는 1~10의 수 소개를 시작으로 십진법, 1~9999의 수 체계 이해, 사칙 연산(덧셈, 곱셈, 뺄셈, 나눗셈), 암산, 분수의 소개까지 아주 다양하고 양이 방대합니다. 이 책에서는 초등 전에 다루는 수의 개념까지만 다룰 예정입니다. 위쪽에 있는 '숫자와 바둑알 활용'이라는 영상에서 교구로 어떻게 언어지도까지 확장하는지 꼭 확인해주세요.

감각 교구명	권장 연령	흥미점
수와 양의 일치 비즈 걸이	2.5세 이상	1~10, 11~20까지 수 소개 색 비즈 양과 수의 일치 걸기 연습, 소근육 발달
수막대와 숫자카드	3세 이상	빨간 막대에서 수막대로 연계 수와 양의 일치, 덧셈과 뺄셈의 간접 준비
모래 숫자	3.5세 이상	모래 숫자 촉감 느끼기 숫자의 순서 인식 숫자 이름과 쓰기 연습 이동 숫자와 짝짓기
셈 막대 (물레가락) 나무젓가락으로 대체	3세 이상	0의 개념 인식 수와 양의 일치 숫자의 순서 인식
숫자와 바둑알	3세 이상	1~10까지 이해한 유아 대상 수와 양의 일치, 숫자의 순서 인식 홀수와 짝수의 개념 습득
수 모으기와 가르기	4세 이상	수와 양의 일치 덧셈과 뺄셈의 간접 준비

달력 활용	4세 이상	1~30까지 연속 수 인식 시제, 요일, 생활 습관 기르기 날짜에 대한 개념 습득
50판 100판	4세 이상	1~100까지의 수의 순서, 이름 연속수의 숫자 배열 이해 소근육 발달 짝수와 홀수, 배수, 수의 패턴
수와 언어	4세 이상	수를 한글로 표기 (일, 이, 삼 / 하나, 둘, 셋) 기수와 서수의 이해 (첫 번째, 두 번째) 사물, 동식물, 사람에 따라 세는 단위의 다름을 인식

초등학교 1학년 1~2학기 교육 내용

<초등 1학년 1학기>
1. 1~9까지의 수 : 수를 쓰는 방법, 몇째를 세는 방법, 수의 순서 알기, 1큰 수와 1작은 수, 어느 수가 더 큰지 알기
2. 여러 가지 모양 : 모양 찾기, 만들기, 기둥, 공, 상자
3. 덧셈과 뺄셈 : 수 모으기와 가르기
4. 비교하기 : 길이(물건의 길이 비교), 무게, 넓이, 양
5. 50까지의 수 : 10, 19까지, 10개씩 묶어 세기, 50까지의 수 세기, 수의 순서, 수의 크기 비교

<초등 1학년 2학기>
6. 100까지의 수 : 10씩 묶기 (60, 70, 80, 90, 100), 수의 크기 비교, 짝수 와 홀수
7. 덧셈과 뺄셈 : 덧셈식, 뺄셈식,
8. 여러 가지 모양 : 네모, 세모, 동그라미, 모양 꾸미기
9. 덧셈과 뺄셈 : 두 수, 세 수의 덧셈, 10이 되는 더하기
10. 시계 보기, 규칙 찾기

4

문화 영역과 언어

　100년 이상의 역사가 있는 몬테소리 교육사상이 모든 시대에 사랑받았던 것은 아니었습니다. 1, 2차 세계 대전 시기에 개인의 자유와 독립성을 강조하는 몬테소리 교육사상은 당시 독재자들의 이념과 상반되었고 몬테소리 학교들은 문을 닫아야만 했습니다. 마리아 몬테소리는 권력 주체와 갈등이 생기자, 이탈리아를 떠나 스페인, 바르셀로나, 영국, 네덜란드로 이주하기도 했습니다. 인도가 영국의 식민지였을 당시에는 이탈리아 출신이라는 이유로 아들 마리오는 구금당하고 몬테소리도 거주지를 지정받았습니다. 전쟁으로 인한 어려움 속에서 몬테소리는 인류의 평화를 위한 교육의 필요성을 느꼈습니다.

'아이들이 세계 여러 나라 문화에 관한 이야기를 접하면서 다름을 받아들이고 서로 조화를 이루면서 살아간다면? 동물과 식물에 대한 탐색과 이해를 통해 자연에 고마움을 느끼고 지구의 소중함을 깨닫는다면? 선조들이 일궈놓은 역사와 문화를 이해하고 시간의 흐름 속에서 과거, 현재, 미래에 대해 생각해 보는 기회를 얻는다면? 개인의 이익보다 인류 전체의 평화를 위해 일하게 되지 않을까?'

1947년 '교육과 평화'라는 주제로 유네스코에서 연설한 마리아 몬테소리는 마음속에 이런 질문들을 품고 있었을 것 같습니다. 그녀는 인류의 갈등과 전쟁을 막고 평화를 실현하는 것은 결국 아이들을 교육함으로써 이루어진다고 믿었습니다. 몬테소리의 우주 교육은 과학적 사실에 기초한 우주에 대한 지식을 알려 주는 것이 아니라 우리가 살고 있는 지구와 지구 밖에 있는 우주, 그리고 다른 행성들과의 관계를 이해하도록 돕기 위함입니다.

문화 교육은 대개 만 3세 연령의 아이들에게 제공됩니다. 준비된 환경을 통해 문화적인 요소를 느끼게 해 주면서 문화를 익히는 데 도움을 줄 수 있어요. 한복처럼 각 나라의 전통 의상을 입어보거나 다른 나라의 음식을 접해보는 것, 다양한 음악을 듣고 실제 악기를 만져봄으로써 아이는 다양성을 이해할 수 있습니다. 동물들을 직접 마주하고 식물을 스스로 가꾸면서 생명의 귀함을 알고 환경을 보호하는 마음을 갖게 됩니다. 하늘을 올려다보며 해와 달의 변화를 관찰하고 비를 맞으면 어떤 느낌인지, 번개가 치면 무슨 소리가 나는지 아이와 구체적인 경험을 통해서 이야기를 나누며 자연의 이치를 깨닫게 할 수도 있습니다.

문화 영역은 아주 다양하고 광범위한 내용들을 담고 있어서 재밌기도 하지만 어려울 수 있는 영역이에요. 작업을 소개할 때는 전체를 먼저 소개하고 조금씩 세부적으로 보여주는 것이 좋습니다. 먼저 지구를 이루고 있는 땅, 물과 공기를 소개합니다. 세계지도를 소개하고 각 대륙을 소개하고 각각의 개별 나라를 소개합니다. 1년이라는 시간을 소개하고 한 달의 개념, 그리고 하루의 개념을 소개해 주세요.

저는 지리의 이해를 돕기 위해 지구본과 세계대륙 지도 퍼즐, 세계대륙 평면 지도와 우리나라 지도 퍼즐과 지도 벽보를 준비했어요. "우리는 태양계에서 지구라는 행성에 살고 있어. 지구에는 여섯 개의 대륙이 있고 그중 아시아 대륙에 있는 대한민국이라는 곳에 살고 있단다." 아이에게 지구와 대륙 이름을 소개하고 우리가 사는 곳은 아시아 대륙에 있는 대한민국이라고 알려주었습니다. 그리고 지도에서 대한민국을 찾아서 표시해 보기도 했어요.

4살 크리스마스 선물로 받은 태양계 교구를 시작으로 아이는 태양과 8개의 행성, 달의 변화, 지구의 역사와 최초의 사람, 지구

내부 구조, 세계 대륙과 나라별 문화 및 기후에서 우리나라에 대한 관심까지 꼬리를 물며 호기심을 갖고 질문했어요. 덕분에 저도 함께 동심으로 돌아가서 교구와 관련 책, 영상을 보며 공부했습니다.

아이가 5살이 되고 제주도로 가족 여행을 다녀왔습니다. 여행 전에 지형의 특징을 알아보면서 섬과 호수를 비교하고 해협과 지협의 차이를 알아보고 제주도는 어떻게 만들어졌는지, 왜 지진이 일어나고 화산은 어떻게 생겼는지 등을 몬테소리 문화적 관점으로 접근했어요. '5살에게 너무 어려운 내용이 아닐까?'라는 고민 없이 저도 아이도 새로운 세상을 탐험하듯이 익히고 배웠습니다. 제가 아이와 함께한 문화영역 활동지와 활동 지도법도 소개할게요.

• 문화영역 활동 소개

문화영역 도안

지형 & 수형 태양계 영상

문화 영역	권장 연령	흥미점	지도 방법
태양계	만 4세 이상	우주와 행성의 소개 태양, 달, 각 행성별 특징	작은책 만들기 그림책, 모형, 카드 관련 영상 시청 체험 학습
지구의 역사	만 4세 이상	지구의 생성과 변화의 이해 지구의 역사에 대한 호기심, 탐구심 시간의 흐름, 인류의 진화 과정	
지구 내부 구조	만 4세 이상	지구 내부의 구조와 명칭 및 성질 지진과 화산 활동의 이해	
달의 변화	만 3세 이상	달의 변화와 주기 이해 태양, 지구, 달의 관계 이해 우주에 대한 탐구심과 호기심	
지형틀과 지형 카드	만 4세 이상	지구의 다양한 지형소개 지리학에 대한 호기심	
땅, 물, 공기	만 3세 이상	흙, 물, 공기의 소개 구체물과 그림, 글자의 연결	땅, 물, 공기 느끼기 동물의 서식지 분류
지구본	만 3세 이상	지구본 모양, 6대륙의 소개	육지, 바다, 적도 5대양 6대륙의 소개 대한민국 찾기

세계 대륙 지도 퍼즐 세계 대륙 평면 지도	4세 이상	지구본과 평면 지도 연계 지도 읽기의 준비 5대양과 6대륙 퍼즐 맞추기	5대양 6대륙 명칭 세계 나라의 소개
우리나라 지도 퍼즐 우리나라 평면 지도	5세 이상	우리나라 지도의 소개 각 도의 이름과 위치 알기 지도 퍼즐로 도의 개념 인식	남한과 북한의 소개 도, 섬, 바다 명칭 지역별 관광지 랜드마크, 토산품
다문화 그림책 연계	5세 이상	대륙별 여러 나라의 문화 소개 언어(인사말), 기후, 의식주의 이해 여러 나라의 국기, 수도, 음식, 의상, 놀이, 춤, 음악 등	지구본 세계 지도 퍼즐 그림책, 사진 관련 영상 시청
내가 사는 시, 도, 군	5세 이상	내가 살고 있는 지역의 특징 체험 학습 및 자료 활용	책자, 사진첩 만들기

자주 묻는 말 Q&A

1. 아이가 엄마의 초대에 응하지 않으면 어떻게 하나요?

일단은 아이가 원할 때까지 기다려 봅니다. 일주일에서 한 달이 넘어가도 관심을 두지 않을 수 있어요. 저희 아이는 심지어 실 꿰기 교구를 구매하고 1년이 넘어서야 스스로 만진 적도 있습니다. 저는 자발적 의지를 중요하게 생각했기 때문에 1년 동안 가만히 기다렸지만 사실 쉽진 않았습니다.

그럴 때는 엄마가 혼자 작업에 집중하는 모습을 보여주세요. 아이들은 엄마가 하고 있으면 다 해보고 싶어 하잖아요? 엄마가 혼자서 중얼거리면서 "그, 그, 그 기역은 그 소리가 나니까 여기에 넣으면 되겠구나"하고 계속 보여주다 보면 어느 날, 아이가 다가와서 "엄마, 나도 한 번 해봐도 돼?"하고 물어올 거예요. 그럼 고민하는 척하면서 "네가 정 해보고 싶다면 딱 한 번만 하게 해줄게"하고 인심 쓰듯이 말해보세요. 딱 1번이라고 했으니 아마 그 기회를 아주 소중하게 여길 거예요. 그리고 아이가 그 한 번에서 큰 재미를 느꼈다면 한 번이 두 번이 되고 세 번이 되고 만족할 때까지 반복하는 날이 올 거라고 믿습니다. 아이가 초대에 응하지 않아도 실망하거나 좌절하지 마세요. 다양한 실험과 시도 끝에 우리 아이에게 딱 맞는 접근법을 찾았을 때 얻는 희열이 엄마표의 가장 큰 매력입니다.

2. 글자의 민감기가 점점 식어갈 때는 어떡하죠?

저희 아이도 4살에서 5살로 넘어가면서 글자보다 수에 더 강한 관심을 보였습니다. 점점 한글 관련 작업에 호기심을 잃어가고 매일 수 세기에 집착할 정도로 몰입했어요. 아이의 민감기를 존중하면서 바람과 파도를 따라 배의 방향을 조종해야 합니다. 숫자에 몰입하고 있는 아이에게 엄마가 "숫자는 그만하고 이제 한글 하자!"라고 우길 수는 없는 노릇이에요. 그래서 저는 숫자와 한글을 접목했어요. 단순히 점과 점을 잇는 선 긋기를 하다가 숫자를 순서대로 찾아서 연결하는 선 긋기로 응용하고, 숫자를 한글로 읽거나 써보는 작업으로 진행하니 아이의 기존 지식과 현재의 관심사가 융합되면서 상승효과가 나타났어요. 엄마표 한글 공부에 장애물이 생기면 주저앉지 말고 뛰어넘을 실마리를 찾아보세요.

3. 아이가 엄마의 제시법을 보지 않고 마음대로 해요.

엄마표 학습을 진행할 때 가장 난감한 부분입니다. 저 또한 이론적으로 배운 내용을 그대로 시범 보여도 아이는 엄마의 제시법을 보기도 전에 먼저 해보려고 하거나 보긴 봤지만 자기 마음대로 하려고 하는 경우가 많습니다. "아니야, 엄마가 그렇게 하는 거 아니라고 했지!"하고 아이의 자율성을 누른다고, 아이가 "네네, 엄마 알겠습니다"라고 할까요? 아이들은 모두 다릅니다. 정해진 틀 안에서 시범을 보이더라도 아이의 개성과 기질까지 틀 안에 가두려고 하지 마세요.

저희 조카들은 쌍둥이인데도 정말 다릅니다. 색 비즈를 색칠하는 작업을 할 때 한 아이는 색 비즈와 완전히 똑같은 색으로만 칠하고, 다른 아이는 비슷한 색이나 자기가 좋아하는 색으로 칠하기도 했습니다. 우리의 정답에 아이를 끼워 넣으려고 하는 본능을 내려놓고 관찰해야 합니다. "아~ 쟤는 알려주면 딱 그대로 하는 성향이구나. 음~ 쟤는 자기만의 방법을 시도해 보는 걸 좋아하는구나"하고 아이의 기질과 성향을 파악하세요.

틀에서 벗어나는 융통성은 창의성의 기초가 됩니다. 아이의 작업 방식을 존중해 주고 왜 그렇게 했는지 물어보세요. 아이 나름대로 깊은 생각이 있을 거예요. "아하! 너는 그 방법을 쓰는구나, 엄마는 이 방법만 생각했는데 좋은 생각인걸?"하고 존중해 준 후에, "이번에는 엄마가 알려준 방법으로도 한 번 해보는 건 어때?" 하고 올바른 제시법을 권해보세요. 자기 의사를 존중받은 아이는 시간이 쌓이면 "엄마 생각도 좋아! 한 번 해볼게"하고 타인의 생각도 존중하고 받아들이게 됩니다.

4. 모국어와 외국어 노출을 같이 해도 될까요?

저는 영어 강사로 일했었기 때문에 한국어만큼 외국어에도 관심이 많습니다. 그렇지만 저는 아이에게 영어를 많이 가르치지 않았습니다. 과거에 아이들을 가르치면서 "내가 국어 선생님인지, 영어 선생님인지 모르겠다"하며 혼란스러운 적이 많았습니다. 모국어가 탄탄하지 않은 아이들은 영어뿐만 아니라 다른 영역에서도 학습에 어려움을 많이 겪습니다. 한글과 영어 문자를 올바르게 쓰지 못하고 지문과 문제를 이해하지 못하기 때문입니다. 그래서 저는 아이가 일상에서 가장 많이 쓰는 언어인 주류 언어가 먼저 자리 잡아야 한다고 생각합니다.

아이의 언어 환경을 100퍼센트로 잡고 모국어와 외국어 노출 시간의 비율을 고려해 보세요. 저는 24시간에서 아이가 깨어있는 14시간을 기준으로 최대 2시간까지만 영어를 노출했습니다. 모국어와 외국어의 비율이 8:2에서 7:3 정도인 환경을 돌부터 유지했어요. 5살부터 시작한 중국어를 포함하면 전체 비율은 한국어: 영어:중국어=7:2:1 정도였습니다. 외국어도 한글을 익힌 것과 마찬가지로 진행했습니다. 한국어로 탄탄히 잡힌 개념을 영어로, 아이가 영어도 잘 이해하고 표현하면 중국어로 조금씩 녹였습니다.

외국어도 아이에게 익숙하고 친숙한 주제부터 이야기책과 노래로 놀면서 익히고 있습니다. 외국어 노출 비중은 작지만, 아이의 언어 체계가 잘 잡히면 모국어보다 빠른 속도로 흡수할 수 있습니다. 한국어는 5년이 걸렸고 영어는 3년, 중국어는 1년 이렇게 언어 습득 장치에 가속도가 붙을 수 있습니다. 외국어도 중요하지만, 모국어 기초 공사가 튼튼한 것이 더 중요하다고 생각합니다.

엄마표 몬테소리 한글 교육의 목표

초등 전에 쉽게 한글 떼고 싶어서 이 책을 펼치셨다면 다 읽고 나서 아마 긴 한숨이 나오실지도 모르겠습니다. 빠르고 편하게 한글을 단기간에 뗄 수 있다는 광고가 넘쳐나는데 이렇게 번거롭고 시간도 오래 걸리는 방법으로 꼭 해야 할까? 내가 아이와 꾸준히 할 수 있을까? 이 책을 처음 마주한 순간과 달리 이 책을 덮을 무렵인 지금 반가운 설렘이 걱정으로 바뀌셨나요?

영유아를 대상으로 태블릿을 도입한 학습지 교육 프로그램이 많이 있습니다. 미디어 학습이 아이의 뇌에 미치는 악영향은 구구절절 덧붙이지 않아도 이미 많이 알고 계실 거예요. 쉽고 빠르고 편하게 배운 것들은 그만큼 쉽고 빠르고 가볍게 날아갑니다.

자전거를 처음 탈 때를 기억하시나요? 속도는 더디지만 휘청이고 넘어지고 다치면서 몸으로 익힌 감이 있으면 몇 년 만에 자전거를 타더라도 몸이 기억하고 금방 바람을 가르며 앞으로 나아갈 수 있습니다. 아이가 부드럽고 잘 미끄러지는 태블릿 펜으로 쓰기에 익숙해지면 진짜 연필을 잡고 써야 하는 시기에 쓰는데 손에 힘이 많이 들어가서 팔이 아프고 귀찮아 쓰기를 거부하게 됩니다. 속도는 더디지만, 글자에 대한 호기심과 재미를 잃지 않고 삶 속에서 한글을 익히면 "이론과 문법적으로는 설명할 수 없지만 이게 맞는 것 같아"라는 언어적 감이 생깁니다.

"6개월 만에 영어 파닉스 떼 드립니다."

이런 문구를 보신 적 있으신가요? 영어뿐만 아니라 한글, 수학 등 많은 과목의 교육 기관이 이와 같은 마케팅 문구를 사용합니다. 고객의 관심을 끌어야 하는 목적으로 사용되는 광고 문구 자체를 비난할 순 없습니다. 영국 아이들조차 파닉스를 초등학교 5학년 때까지 배운다고 합니다. 우리나라에서는 파닉스 교재 한 세트만 떼면 "파닉스를 뗐다"라고 표현합니다. 한글도 마찬가지입니다. 여러분은 한글은 완벽히 떼셨나요? 글을 쓰고 있는 저조차도 띄어쓰기, 맞춤법, 정확한 표현이 맞는지 헷갈립니다.

언어는 소멸하고 새로 생기면서 그 속도가 과거보다 더 빨라지고 있습니다. 언어는 완벽히 배움을 끝낼 수 있는 영역이 아닙니다. 해당 언어를 사용하는 나라의 문화와 역사, 정신이 깃든 글자를 뗄 수 있는 과목으로 여기지 않았으면 좋겠습니다. 이 책을 통해 부모와 아이가 한글을 떼기보다 한글을 깨치길 바랍니다. '구슬이 서 말이라도 꿰어야 보배'라는 말이 있습니다. 구슬을 꿸 기술을 배워도 가지고 있는 구슬이 없다면 무슨 소용일까요? 아이가 구슬을 꿰는 기술을 익히기 전에 많은 구슬을 만들도록 도와주세요. 이것이 제가 도달하고자 하는 엄마표 몬테소리 한글의 목표입니다.

몬테소리 교육을 공부하면서 '교육'에 대한 제 관점은 많이 변했습니다. 교육은 똑똑하고 공부 잘하는 아이를 만들기 위해 이것저것 엄마가 주도적으로 가르치는 것이 아니라 아이가 하고자 하는 것을 지지하고 펼칠 수 있도록 환경을 만들어 주는 것이라고 생각합니다.

일상에서 아이는 많은 실수를 합니다. 한글을 배우면서 어제 배운 것도, 열 번을 반복한 것도 계속 틀리고 모를 수 있습니다. 아이의 실수와 실패를 응원해 주세요. 저는 아이가 실패해서 좌절할 때 "라이트 형제가 비행기를 만들 때 몇 번 떨어졌다고 했지? 하늘을 제대로 날기 전까지 200번이나 떨어졌대. 너도 곧 훨훨 날 수 있을 거야. 많이 떨어져 봐야 더 튼튼한 비행기를 만들 수 있단다"라고 말해줍니다. 틀리는 것을 두려워하지 않는 아이는 실수를 빨리 인정하고 실수를 관리하려고 애씁니다. 오늘 비록 기역(ㄱ)을 정확히 쓰지 못했더라도 아이의 부족함을 탓하지 마세요.

완벽한 기억(ㄱ)으로 가는 길목에 있는 아이의 용기를 북돋아 주세요. 아이의 작은 한 걸음들이 모여 위대한 길로 이어질 거라고 믿으세요. 마리아 몬테소리의 책 『흡수하는 정신』(부글북스)에 나오는 글을 덧붙이고 싶습니다.

우리 모두 실수를 저지른다는 사실을 인정할 필요가 있다. 실수는 삶의 현실이며, 따라서 그것을 인정하는 것 자체가 우리의 발전에 중요한 큰 걸음이다. 가장 좋은 방법은 실수와 친숙해지는 것이다. 실수도 우리들 사이에 함께 끼어 사는 다정한 사람 같은 존재가 되어 나름의 역할을 수행할 것이다. 삶이 있는 곳에는 반드시 실수가 있다. 실수는 흥미롭고 중요한 것이며 실수를 인정하는 것이 실수를 바로 잡거나 관리하는 데 꼭 필요하게 된다. 아이가 자신이 실수를 저지르고 있고 또한 실수를 스스로 관리할 수 있다는 사실을 알게 된다면, 그 아이는 스스로에 대해 아주 중요한 존재라고 생각할 것이다. 다른 사람의 도움 없이도 실수를 파악하고 그것을 관리할 수 있다면, 얼마나 멋진 일이겠는가! 실수라는 문제를 오차를 좁혀나가는 것으로 여긴다면, 그 오차가 결과적으로 아주 작아질 수는 있어도 오차를 완전히 제거하는 것은 불가능하다는 사실이 확인될 것이다. (중략)
나는 완벽하지 않아. 모든 것을 다 잘하지는 못해. 하지만 나는 나의 힘을 알고 있고 또 실수를 저질러도 관리할 수 있다는 것을 알아. 그래서 나는 나의 길을 믿어.

제 삶은 몬테소리를 알기 전과 후로 나뉩니다. 저는 그저 세상 밖으로 나온 아이가 엄마 없이는 아무것도 못 하고 무능력하게 누워만 있다고 생각했습니다. 하지만 아이는 태어나기 전부터 자기를 둘러싼 세상을 열심히 관찰하고 있었어요. 관찰을 통해 자기가 가진 공백을 채우기 위해 지금까지 끊임없이 일해 왔습니다. 아이는 앞으로도 쉬지 않고 생각하고 연구하고 발견하면서 작은 빈틈을 차츰차츰 채워갈 것입니다. 아이가 어떤 민감기에 있는지, 어디에 감수성이 커지고 있는지, 어떤 것을 더 알고 싶어 하는지를 알아차리는 것만으로도 우리는 아이가 공백을 메울 기회를 줄 수 있습니다.

아이는 일상에서 감각을 익히고 언어를 배우고 수를 깨우치고 문화를 형성합니다. 몬테소리를 공부하면서 저는 많이 변했습니다. "건강하고 공부도 잘해서 크면 부자로 살면 좋겠다"에서 "우리 아이가 지구를 조화롭게 유지하기 위해 어떤 이바지를 할 수 있을까?"라는 원대한 상상을 해봅니다. 벅차고 지치고 피곤하기만 했던 육아라는 과업이 이 세상을 한결 나아지게 만드는 위대한 임무라고 여기게 됐습니다. 여러분도 언젠가 세상을 이롭게 할 위대한 아이를 키우고 있음에 자긍심을 갖길 바랍니다.

더불어 이 책이 당신이 좋아하는 사람들에게 도움이 되겠다고 생각하시면 거리낌 없이 추천해 주세요.

유아이북스의 몬테소리 도서

자존감을 높이는 엄마표 몬테소리 놀이

- 실비 데스클레브 지음 | 안광순 옮김
- 자녀교육 / 육아 · 국판 · 값 13,800원

아이의 자존감과 자신감을 높이는 데 가장 효과적인 수단은 놀이다. 놀이를 싫어하는 아이는 없기 때문이다. 이 책은 몬테소리 교육 철학을 반영한 놀이법 중 가정에서 아이의 자신감을 자극하는 놀이 법들을 정리해 소개하고 있다.

부모를 위한 몬테소리 교육법

- 잔느 마리 페이넬, 비올렌느 페로 지음 | 김규희 옮김
- 자녀교육 / 육아 · 신국판 · 값 15,000원

구글 창업자 등 유명인도 경험한 몬테소리 교육 철학을 100가지 주제로 설명한다. 유행처럼 스쳐가는 육아법이 아닌, 100년 역사로 검증된 과학적 방법이 담겨 있다. 육아로 고민하는 부모에게 올바른 방향성을 일깨워 준다.

집에서 하는 몬테소리 놀이 150

- 실비 데스클레브, 노에미 데스클레브 지음 | 안광순 옮김
- 육아 / 놀이법 · 신국판 · 값 17,000원

몬테소리 교육 분야 장기 베스트셀러로, 프랑스에서 몬테소리 학교를 운영하는 저자들의 교육 노하우가 고스란히 담겨 있다. 자녀의 창의력과 바른 인성을 길러 주고 싶다면, 이 책에 제시된 놀이 활동을 해보자.

몬테소리가 말하는 몬테소리 교육

- 마리아 몬테소리 지음 | 오광일 옮김
- 자녀교육 / 육아 · 신국판 · 값 16,000원

몬테소리 교육의 창시자, 마리아 몬테소리의 교육 철학을 고스란히 담아냈다. 신체 능력, 감각, 언어와 수 개념 등 기초적인 발달 훈련을 위해 몬테소리가 이용한 교육법은 무엇일까? 부모는 물론 교육 전문가에게도 추천하는 책이다.

집에서 하는 몬테소리 감각 놀이

- 마자 피타믹 지음 | 오광일 옮김
- 육아 / 놀이법 · 신국판 · 값 16,000원

구글 창업자, 아마존 CEO 등 세계적인 인재들의 어린 시절에는 몬테소리 교육이 있었다. 이 책에는 30년 경력의 영국 몬테소리 교사가 엄선한 77가지 놀이가 담겨 있다. 감각부터 신체까지 아이의 종합적인 발달을 원하는 부모에게 추천한다.

숫자도 익히는 몬테소리 영어 놀이

- 마자 피타믹 지음 | 오광일 옮김
- 육아 / 영어학습 / 수학학습 · 신국판 · 값 16,000원

71가지 몬테소리 놀이를 통해 알파벳과 영단어는 물론, 숫자와 간단한 계산까지도 배울 수 있다. 준비물이 간단할 뿐만 아니라 활동 방법이 삽화와 함께 단계별로 잘 정리되어 있어, 교육에 서툰 부모라 하더라도 양질의 교육을 제공할 수 있다.

과학개념을 키우는 몬테소리 자연 놀이

- 마자 피타믹 지음 | 오광일 옮김
- 육아 / 자녀교육 / 놀이교육 · 신국판 · 값 18,000원

자연 놀이는 야외 활동을 통해 아이들의 감각을 발달시키고 환경에 대해 배우며 생물의 상호 연결성을 발견하게 한다. 과학 놀이 또한 실험, 관찰, 조사를 통해 개념을 탐구하게 하며 호기심과 창의력이 자라나게 한다. 몬테소리의 다양한 교육법 중 자연 놀이와 과학놀이의 내용을 담았다.

감성 지능을 키우는 몬테소리 음악 놀이

- 마자 피타믹 지음 | 이혜주 옮김
- 육아 / 자녀교육 / 놀이교육 · 신국판 · 값 17,500원

몬테소리 음악 놀이는 어린이들에게 음악에 대한 이해와 관심을 높이며, 감각적 경험과 창의성을 자극하면서 음악적 능력을 키울 수 있도록 구성되었다. 음악과 춤을 즐기는 활동이나, 손가락으로 연주하는 놀이 등 재미있고 효과적으로 할 수 있는 활동을 소개한다.

NOTE

초등 전에 읽기 독립하는 방법

몬테소리 놀이로 한글 깨치기

1판 1쇄 인쇄 2024년 1월 5일
1판 1쇄 발행 2024년 1월 10일

지은이 정미영
펴낸이 이윤규

펴낸곳 유아이북스
출판등록 2012년 4월 2일
주소 (우) 04317 서울시 용산구 효창원로 64길 6
전화 (02) 704-2521
팩스 (02) 715-3536
이메일 uibooks@uibooks.co.kr

ISBN 979-11-6322-120-3 03370
값 16,800원

* 이 도서의 국립중앙도서관 출판예정도서목록(CIP)은 서지정보유통지원시스템 홈페이지(http://seoji.nl.go.kr)와 국가자료공동목록시스템(http://www.nl.go.kr/kolisnet)에서 이용하실 수 있습니다. (CIP제어번호: CIP2019006366)